우아한
칼

우아한
칼

우아한 칼

부드러움으로
공감하고
원칙으로
끝까지 간다

전현희 지음

안나푸르나

흔들리지 않는 마음으로,
끝까지 국민의 중심에 서겠습니다

누구에게나 정해진 순리처럼 보이는 길이 있습니다. 바람이 부는 대로, 남들이 부러워하는 궤적을 따라 걷는 삶은 분명 평온할 것입니다. 하지만 제 안의 나침반은 늘 다른 곳을 가리켰습니다.

저를 거친 광야로 이끈 것은 야망이 아니었습니다. 그것은 도저히 외면할 수 없는 타인의 고통, 그리고 상식적으로 이해되지 않는 세상의 모순에 대한 깊은 물음이었습니다.

왜 누군가는 제도 밖에서 울어야 하는가, 왜 성실한 삶이 보호받지 못하는가?

이 질문들이 저를 안락한 진료실에서 법정으로, 그리고 다시 정치와 행정의 최전선으로 밀어 올렸습니다.

저를 키운 것은 팔 할이 우리 사회의 아픔이었습니다. 편안한 삶을 거부하고 미지의 징검다리를 건너는 일은 두려운 도전이었지만, 그 길 끝에는 언제나 사람이 있었습니다. 억울한 질병에 시달리던 환자들의 손을 잡고, 70년 동안 지도에서 지워진 땅에 살던 이들의 목소리를 듣는 일…

그것은 저에게 선택이 아니라 피할 수 없는 운명이었습니다. 차가운 법전 속에 잠든 언어가 아니라, 사람의 체온이 담긴 치유의 언어로 세상을 고치는 일이야말로 제게 주어진 소명임을 저는 묵묵히 받아들였습니다.

지난 시간, 행정의 현장을 누비며 배운 단 하나의 진실이 있습니다. 행정이란 책상 위의 서류가 아니라 국민의 절박한 눈물을 닦아주는 손수건이어야 한다는 것입니다. 원칙을 지키기 위해 모진 외풍을 견뎌야 했던 시간조차 저에게는 소중한 배움이었습니다. 권력이 아닌 국민을 바라보았기에 저는 흔들리지 않고 중심을 지킬 수 있었습니다.

저에게는 타협할 수 없는 한 가지 고집이 있습니다. 그것은 한번 시작한 일은 반드시 '끝장을 본다'는 것입니다. 10년이 걸리더라도 억울한 이들의 아픔을 풀어주고, 수십 년 묵은 갈등이라도 끈질기게 매달려 해결해내는 것, 그것이 제가 살아온

방식이자 제가 국민 여러분께 드릴 수 있는 가장 확실한 약속
입니다.

　저에게 맡겨진 소명이 있다면, 그것이 아무리 험한 가시밭
길이라 해도 저는 결코 도망치지 않습니다. 누군가는 짊어져야
할 짐이라면 기꺼이 제가 그 짐을 지겠습니다. 어설픈 봉합이
아니라 완전한 해결을 향해 나아가는 끈기, 그것이 저 전현희
의 힘입니다.

　이제 저는 또 한 번의 거대한 소명을 마주하고 있습니다. 이
길은 저 혼자 걷는 길이 아닙니다. 불합리와 불의 앞에서는 누
구보다 강인한 방패가 되고, 국민의 아픔 앞에서는 누구보다
세심한 치유자가 되어 여러분과 함께 걷겠습니다.

　흔들리지 않는 마음으로 제게 맡겨진 시대적 소명은 기필코
완수하겠습니다. 제가 걷는 이 길이 우리의 삶을 지키는 단단
한 대지가 되기를 소망합니다. 어제보다 더 나은 대한민국, 우
리 모두가 환하게 웃을 수 있는 내일을 향해, 저 전현희가 국민
의 중심에, 그리고 그대의 곁에 굳건히 서겠습니다.

2026년 봄

전 현 희

차례

제3부

국민과 국가를 위해
일한 3년은 행복의 나날
'국민권익위원회'에서 위원장으로 일하면서

국민권익위원회의 소회

제4부

'서울 아틀라스'의 힘
세계와 더불어 행복한 우리의 서울

제5부

〈서울 AI 신문고〉
참여와 소통은 서울 시민에게 행복을 안겨준다

이재명 대통령과의 인연

제1부

미지의 징검다리를 건너
나는 변신에 도전한다

가끔 꺼내보는 몇 장 없는 어린 시절의 내 사진.
세월은 참 빠르다.

알을 깨고 나올까?
그 안에서 편안하게 살까?

세상을 살면서 우리는 어쩔 수 없이 많은 선택의 기로와 마주친다. 선택에서 갈등하는 이유는 하나를 버려야 하기 때문이다. 둘 다 가지면 좋겠지만 세상은 그 욕심을 허락하지 않는다. 무엇을 버려야 할지 알 수 없을 때 가장 좋은 방법은 판단의 기준을 '가치'에 두는 것이다. 나는 그런 경우가 오면 이익보다 가치를 선택해왔다.

하지만 세상 이치가 항상 무 자르듯 명쾌하게 분명할 수 있겠는가. 선택의 이면에는 또 다른 수많은 가치의 충돌이 기다리고 있다. 내가 믿는 가치가 정말 옳은지 혼란스러운 것이다. 그럴 때마다 나는 단순해지려 노력했다. 내가 어디를 향해, 무엇을 얻기 위해 걸어가야 하는지 생각했다. 그리고 그 길이 정말 내가 원하는 가치인지에 대해 고민했다.

치과의사로서 편안하게 살아가던 내가 어느 날 갑자기 '정말 뜬금없이' 사법고시에 도전한 것은 물질적 여유보다는 더 나은 가치를 실현하기 위해서였다. 어렸을 때 내가 꿈꾸었던 '더 많은 사람들의 행복을 위한 삶'에 나 자신이 헌신하기 위해서였다. 모두들 불가능하다고 만류할 때 나는 도전했고, 관문을 통과해 변호사가 되었다.

변호사 되어 마주한 우리 사회의 여러 곳에는 예전에 미처 몰랐던 부조리와 불합리, 불의가 곳곳에 도사리고 있었다. 대한민국 최초의 '치과의사 출신 변호사'로서 촉망받으며 탄탄대로를 질주하던 나는 그 부조리와 불합리 앞에서 또 한번 선택의 기로에 서지 않을 수 없었다. 정치인으로 노선을 변경하는 것이었다.

그것은 치과의사에서 변호사로의 변신보다 더 어렵고, 힘든 길이었다. 나는 어렸을 때부터 끊임없이 탐구하고 노력하는 스타일이었다. 그렇지 않으면 꿈을 이룰 수 없다는 것을 잘 알기 때문이었다. 공부를 열심히 하여 목표를 이루는 것은 나 자신과의 싸움이었다. 그것은 어렵지 않았다. 치과대학에 합격하고, 의사가 되고, 사법고시에 도전하여 변호사가 되는 것은 나 자신과의 싸움이었다, 나는 그 도전에서 목표를 이루었다.

그러나 정치인이 되는 것—구체적으로 국회의원이 되는

학창 시절 친구들과 함께. (오른쪽 두 번째가 나)
책은 내 삶의 길을 이끌어준 길잡이였다.

것 ─ 나 자신과의 싸움이 아니었다. 세상과의 겨루기였다. 나
는 그 겨루기에서도 나의 이익이나 명예를 앞에 두지 않았다.
나는 '가치'를 가장 앞에 두었다.

내가 정치인이 되어 무엇을 할 것인가? 어떤 가치를 위하여
일할 것인가?

나는 그 가치를 '국민'에 두었다. 변호사로서 일하던 10여 년
동안 만난 사람들은 전부 평범한 국민이었다. 그들의 억울함,

아픔, 고충을 해결해주기 위해 밤낮으로 일하면서 내가 마주한 우리 사회의 부조리와 불합리, 불의를 바로잡고 싶었다. 그 마음 하나로 정치에 도전했고, 목표를 이루었다.

정치에서 일시적으로 물러나 국민권익위원회 위원장을 맡은 것도 내가 늘 간직하고 있는 '국민에의 헌신'이라는 마인드가 인정받았기 때문이라 생각한다. 3년 동안 나는 국민의 아픔을 해결해주기 위해 헌신했다. 비록 후반기 1년은 고난의 연속이었으나 나는 무도한 탄압에 굽히지 않고 국민을 섬기는 충복忠僕으로 일했다.

되돌아보면 나의 삶은 도전과 변신의 연속이었다. 나를 끊임없는 도전으로 이끈 것은 무엇이었을까? 여러 요소가 있을 것이지만 나는 '책의 탐구'를 꼽는다. 글자라는 것을 알게 된 6살부터 나는 깊고 넓은 책의 항해에 나섰다.

헤르만 헤세.
13살에 《데미안》은 나에게 '도전'의 뜻을 일깨워 주었다.

18

나의 삶은 도전과 변신의 연속

나의 삶은 책과 더불어 시작되었다. 나는 천성적으로 책을 너무 좋아했다. 책 속에서 내가 찾은 '길'은 나의 삶을 여러 번 바꾸게 해주었다. 정확한 표현으로는 나 스스로가 바꾸어 나갔다. 국민학교에 입학하기 전인 6살 때부터 나는 책을 읽기 시작했다. 다른 여자아이들이 소꿉놀이를 하고, 고무줄놀이를 하고, 인형놀이를 할 때 방에 홀로 앉아 책을 읽었다.

쓸데없는 일에
왜 돈과 시간, 노력을 낭비하는가!

서울대 치과대학을 졸업한 나는 '당연히' 치과의사가 되어 1990년부터 치과병원에서 월급의사로 일했다. 그때는 내 치과병원을 차리기에는 아직 일렀기에 서울과 인천의 여러 치과병원을 다니며 페이닥터pay doctor로 경험을 쌓아나갔다. 그리고 같은 대학 법대 출신 남자와 결혼했으며 딸도 낳았다.

생활에 어려움은 없었으나 시간이 흐를수록 마음속이 허전해졌다. 무언가를 놓치고 있다는 안타까움이 점점 커져가기 시작했다. 그때 남편이 늦은 사법고시 공부를 시작했다. 그 모습을 보며 어렸던 나의 꿈이 떠올랐다.

무진장 책을 읽어대던 국민학교 시절에 위인전은 나에게 여러 깨달음을 주었다. 백여 명이 넘는 동서양의 위인들은 몇 가

변호사가 되고 미국에서.

이때만 해도 정치를 할 줄은 미처 몰랐다.

지 공통점이 있었다. 가난한 집에서 태어났다는 것, 어렸을 때부터 호기심, 정의감이 강했다는 것 그리고 고난을 극복하고 꿈을 성취하게 되는데…. 그들 중에 변호사가 많았다. 특히 미국의 대통령들이 그러했다(2025년까지 미국 대통령 46명 중 25명이 변호사 출신이다). 나에게 깊은 인상을 준 사람은 루스벨트, 링컨 등이었다.

'훌륭한 일을 한 사람 중에는 변호사가 많구나!'

라고 생각했다. 그 말을 달리 표현하면

'다른 사람들에게 도움을 주기 위해서는 변호사를 해야겠다'는 결심으로 바뀌었다.

그러나 어머니의 "의사가 되어야 한다"는 희망을 거절하거나 반대하지 못했다. 부모님 말씀을 잘 따르는 소위 '범생이'였던 나는 "변호사가 되겠어요"라고 고집 피울 용기도 없었다. 공부를 잘했기에 문과이든 이과이든 가리지 않았다. 그렇게 치의대에 진학해 자동적으로 치과의사가 되었다. 내 꿈과 멀어져버린 삶을 살아가게 된 것이다.

지금 도전하지 않으면

그러다가 문득 '이제라도 내 꿈을 찾아가야겠다'는 생각이 들었다. 어릴 적의 나의 꿈, 변호사였다. 30살이 넘어 한 사람의 아내이자 엄마였던 때였다. 하지만 지금 도전하지 않으면

두고두고 후회할 것 같았다. 사실 이러한 마음은 살아가면서 누구나 한번쯤 먹게 된다. 그때 간단히 두 부류로 나뉘어진다. 포기하는 사람과 도전하는 사람이다. 구태의연한 말로 들릴 수 있겠지만 '일단 도전하라.'

나는 어릴 적 꿈을 상기하며 사법고시에 도전하기로 했다. 내 주변 사람들은 모두 반대했다. 사법고시에 도전하겠다는 나의 선언에 모두들 부정적 반응을 보였다. 불가능한 일을, 왜 쓸데없이 시간과 돈을 낭비하며 하느냐는 지적, 내지는 비판, 나무람이었다. 또 불합격할 것이라고 단정적으로 말하는 사람도 있었다. 그 단정은 어떤 의미에서는 완전히 빗나간 예측은 아니었다. 그때만 해도 법률 책은

第1條(犯罪의 成立과 處罰) ① 犯罪의 成立과 處罰은 行爲 時의 法律에 따른다.

② 犯罪 後 法律이 變更되어 그 行爲가 犯罪를 構成하지 아니하게 되거나 刑이 舊法보다 가벼워진 境遇에는 新法에 따른다.

③ 裁判이 確定된 후 法律이 變更되어 그 行爲가 犯罪를 構成하지 아니하게 된 境遇에는 刑의 執行을 免除한다.

이처럼 전부 한문이었다. 나는 고교 때 이과 출신이어서 한문을 많이 배우지 않았고, 치과대학에서는 아예 한문 자체가

없었다. 법률을 공부하기 위해서는 한문을 먼저 배워야 했다. 그것을 잘 아는 사람들은 "치과의사가 사법고시 합격하는 것은 불가능하다. 응시한다 해도 떨어"질텐데 쓸데없이 왜 시간과 돈을 낭비하느냐고 직설적으로 모두 이구동성 반대했다.

똑같은 일을 하는 패턴에서 벗어나고 싶은 욕망

치과의사로 계속 일하는 것은 좋은 일이었다. 일과日課 시간이 정해져 있고 경제적으로도 여유가 있었다. 사회적 이미지도 좋았다. 그러나 나는 사각의 흰 벽에서 흰 가운을 입고 똑같은 일을 하는 일상적 패턴에서 벗어나 더 큰 사회 속으로 나아가고 싶었다.

치과의사 역시 환자들에게 삶을 편안하게 살아갈 수 있도록 도움을 주지만 나는 다른 환경에서 더 많은 사람들에게 도움을 주고 싶었다. 내가 생각하는 우리 사회에의 더 큰 기여는 변호사가 되는 것이었다. 그것이 어렸을 때 책을 읽으면서 마음속에 간직했던 꿈이었다.

독서는 과연 좋은 것일까?

어렸을 때 ~ 청소년 시절에 ~ 청년 시기에 책을 많이 읽는 것은 과연 인생에 도움이 될까? 책은 지식을 주고 지혜를 주고,

상상력을 풍부하게 해준다. 논리력과 추리력도 길러진다. 다양한 사람의 인생을 경험할 수 있으며, 결과적으로는 삶의 올바른 방식과 지혜를 터득한다.

그러나 어린 시절의 독서는 생각을 너무 깊이 하게 만들고, 그 나이에 맞는 생활을 누리지 못하게 한다. 행동이 아니라 이론만 앞서는 사람이 될 수 있다. 중요한 것은 책을 통해 알게 된 지식과 방법을 실천하는 것이다.

치과의사를 하면서도 내 손에서는 책이 떠나지 않았다. 어느 날 에릭 시걸Erich Segal의 소설 〈닥터스Doctors〉를 읽었다. 1990년에 초판 번역본이 나온 이 책은 곧 베스트셀러가 되었다. 외과의사 바니 리빙스턴이 손을 다쳐 수술을 못하게 되자 로스쿨로 진학해 변호사가 되는 —당시 우리에게는 생뚱맞은— 이야기이다. 그 시절 한국에는 없었던 '의사 출신 변호사'가 가능한 직업이라는 것을 강렬하게 나에게 보여준 소설이었다.

그 소설을 통해 나는 새로운 인생의 전환을 시도했다. 즉 변호사가 되기 위한 행동에 돌입했다. 〈닥터스〉를 읽은 사람은 무수히 많다. 그 책을 읽고 '재미있다, 신선하다, 좋았다'라고 느낀 것으로 끝난 사람이 있는가 하면 나처럼 행동으로 옮긴 사람도 있다. 중요한 것은 책을 읽으면서 가졌던 꿈을 행동으로 옮기는 것이다. 실천하지 않는 독서는 읽지 않음보다 못하다.

사람들의 반대를 물리치고 남편의 격려를 받으면서 공부를 시작했다. 3년 만인 1996년 사법고시 38회에 합격해 사법연수원을 28기로 수료했다. 1999년 드디어 꿈에 그리던 변호사를 시작했다.

과연 그 앞에 어떤 길이 펼쳐져 있을지 가늠할 수 없었지만 어렸을 때 간직했던 '더 많은 사람들에게 더 좋은 도움을 주고 싶다'는 소망을 펼치리라 다짐했다.

편안한 삶을 거부한다

나는 '대한민국 최초의 치과의사 출신 변호사'가 되었다. 나를 소개하는 인터넷 글에는 이 수식어가 항상 맨 앞에 등장한다. 그 수식어 덕분에 여러 대형 로펌에서 스카우트 제의가 들어왔다. 그러나 나의 선택은 작은 의료전문 법률사무소였다.

전공을 살려 1999년부터 의료전문 변호사로 일을 시작했다. 특이한 경력에다 의료 관련 소송에는 실력이 있다는 입소문을 타고 점점 많은 의뢰인들이 몰렸다. 일이 점차 많아지면서 정말 눈코 뜰 새 없이 열심히 일했다.

아침 일찍 출근해 거의 자정까지 일하는 일상이 반복되었다. 오전과 오후에는 법정에 갔다가 저녁밥을 먹고 사무실로 돌아와 밤늦게까지 소송을 준비하고 11시 넘어 밤하늘의 별을

그 시절엔 뒤돌아볼 여유가 없었다.

앞만 보고 달려왔다.

보며 퇴근하는 날이 대부분이었다. 지방 법정에서 소송이 진행되는 날은 이동하느라 하루 종일 길에서 시간을 보냈고 체력적으로도 힘든 날이 많았다.

1년 동안 변호사 업무를 익힌 후 곧바로 나만의 변호사 사무실을 개업했다. 작은 1인 변호사로 시작했지만 나날이 번창하여 더 많은 변호사들이 필요했다. 해마다 변호사들을 영입하여 10년째가 되던 해 마침내 로펌으로 확장시켰다. 나는 대표변호사가 되었다. 여성 변호사로서 좀처럼 하기 힘든 로펌 대표변호사라는 도전에서 일단의 성취를 이룬 것이다.

나를 취재하려는 언론 인터뷰가 쇄도했고 심지어 대기업의 CF 제의도 받았다. 그러나 허망한 인기는 내 성격에 맞지 않았기에 광고 제의는 정중히 거절했다. 그 광고에 출연했다면 돈도 적지 않게 벌었을 것이고, 또 다른 광고에도 나갔을 것이다.

방송에서도 출연해달라는 요청이 줄을 이었을 것이다. 그러나 나는 거절했다. 나는 변호사였다. 신문이나 잡지에 글을 쓰는 일은 할 수 있지만 TV에 나가 인기를 얻기 위해 내 철학(가치관)과 다른 이야기를 하고 싶지는 않았다.

로펌의 대표변호사는 화려하고 멋지게 보이는 외양과는 달리 하루하루 피말리는 긴장과 고난의 연속인 어려운 자리였다. 사무실에서 처리하는 수많은 사건들의 최종 책임자이고 그 승패에 대해 책임을 져야 했다. 소송에서 승소하면 박수를 받는 사람은 사건을 직접 담당한 변호사이지만, 패소하면 의뢰인의 원망어린 질타는 대표변호사의 몫이었다.

그 질타를 받지 않기 위해 나는 치열하게 일했다. 로펌이 어느 정도 안정되자 반복되는 일상에 익숙해지기 시작했다. 그것은 편안함이었다. 사람들은 사업이 번창하면 더 발전시키기 위해 노력한다. '이만하면 됐어' 만족하는 사람은 드물다. 나는 다른 의미에서 만족하지 못했다. 언제나 긴장하며 지냈던 나는 무기력을 느끼며 한동안 슬럼프에 빠지기도 했다.

"멋진 삶을 살았어!"라는 칭찬

누구나 그러하듯 삶이라는 것은 징검다리를 건너 목적지로 가는 것이다. 그 목적지는 각자 다르고 —목적지가 없는 사람도 있으리라— 징검다리 역시 다르다. 그러므로 세상에는 80억 개의 목적지가 있고 80억 개의 징검다리가 있다. 그 징검다리를 어떻게 건널 것인가는 스스로 결정해야 한다.

나는 그때까지 '도전'이라는 징검다리를 건너 무사히 그리고 편안하게 삶을 꾸려가고 있었다. 그 무사함과 편안함이 과연 삶의 목적지인지, 내가 꾸었던 꿈인지 의문이 들었다.

충무에서 어린 시절을 보낼 때 바다는 나의 친구였다. 학교를 오가며 늘 바다를 보았고, 일주일에 서너 번은 바닷가에서 놀았다. 국민학교 6학년 어느 날, 바다에 나가 커다란 바위 위에

올랐다. 바위 아래까지 밀려왔다가 밀려가는 흰 파도를 무심히 보았다. 문득, 파도는 왜 치는 것일까? 의문이 들었다.

파도 – 바다 – 항해 – 저 너머의 세계 – 다른 사람들 – 삶의 방식 – 생각의 차이 – 종교 – 철학 – 가르침과 배우는 것 – 부와 가난 – 인생 – 우주 – 우주 속의 '나'라는 존재….

생각은 거기에서 멈추었다. 13살의 내가 알고 있는 지식에 따르면 우주는 엄청나게 컸다. 그리고 그 속에서 살아가는 나는 엄청나게 작았다. 눈에 보이지 않는 먼지의 1/10,000보다 작았다. 그러한 내가 존재하는 이유는 무엇일까?

살기 위해서---

어떻게 사는 것이 좋은 것일까?

나 자신이 아닌 다른 사람, 사회, 국가, 인류를 위해서--- 내가 아닌 다른 이들의 가치를 위해 사는 삶이 멋진 삶이라 생각했다. 시간이 흐르고 흘러 내가 죽음을 눈앞에 두었을 때 나 스스로가 "나는 멋진 삶을 살았어!"라고 칭찬하는 삶을 살고 싶었다.

바위에서 일어나 집을 향해 뛰면서 마음속에 다짐했다.

'그래, 죽을 때 후회하지 않을 멋진 삶을 사는 거야.'

13살의 나에게 바닷가에서 한 다짐이었다.

제2부

불합리와 불의의 파도를 이겨내려면

답을 찾기 위한 머나먼 길

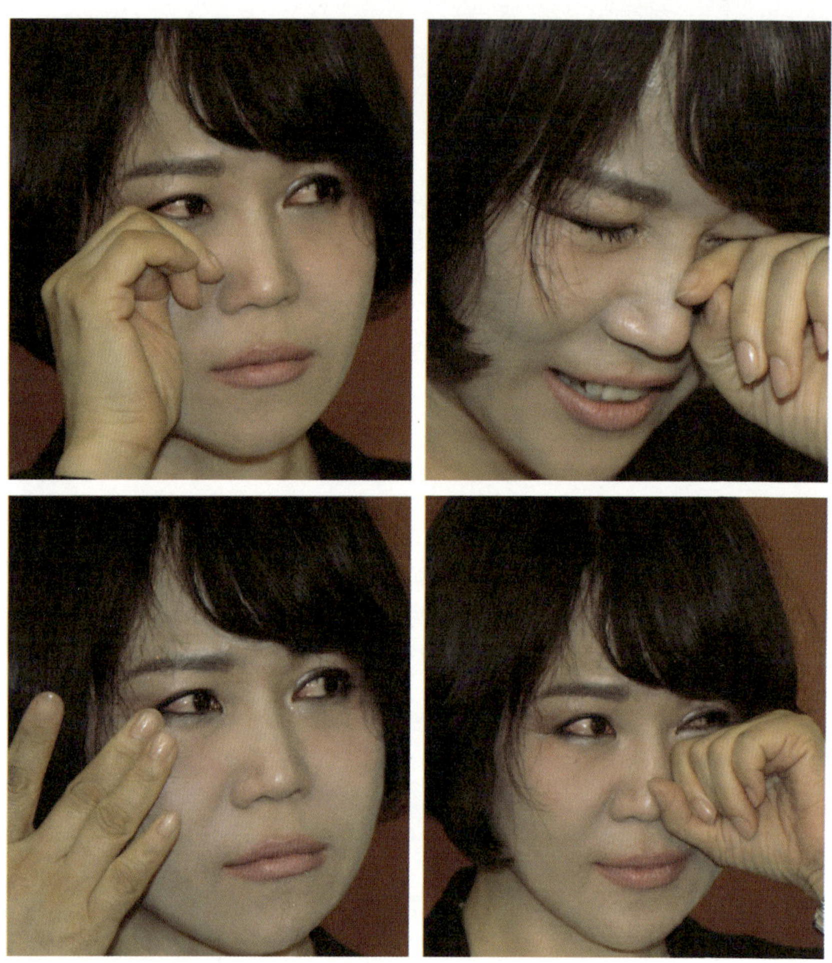

여전히 답답할 때, 눈물이 난다.
부끄러워할 줄 아는 사람이 되고 싶었다.

한 명의 판단에 의하여
수많은, 억울한 피해자가 생긴다

2002년 월드컵 열기가 가라앉은 가을 어느 일요일 오후, 텅 빈 사무실에서 혼자 일하고 있을 때 전화벨이 울렸다. 나 혼자 있었기에 사무실은 적막강산이나 다름없었다. 창밖에서 자동차 지나가는 소리가 둔하게 들려올 뿐이었다. 그 전화벨 소리는 너무 요란해서 나는 순간적으로 심장이 멎는 것 같아 전화를 받지 못했다.

잠시 후 두 번째로 전화벨이 울렸다. 전화기 저편의 남자는 "이 사건은 꼭 전현희 변호사님이 맡아주어야 합니다"라고 강요하면서 내일 3시에 방문하겠다고 일방적으로 말했다. 그는 내가 일요일에도 출근했다는 것을 알고 있는 듯싶었다.

다음 날 그가 찾아왔다. A대학의 의과대학 B교수였다. 나는

변호사가 된 지 3년이 약간 지났으며 의료전문 법률사무소에
서 일하고 있었다. 의료전문 변호사로 이름이 널리 알려지고
있던 때였다. 교수인 그가 왜 찾아왔을까? 의문이 들었다.

그가 꺼낸 이야기는 그때까지 아무도 몰랐던 놀라운 사건이
었다.

B교수는 에이즈AIDS 환자들의 면역력을 높여주는 약의 임
상실험을 진행하고 있었다. 익히 아는 것처럼 에이즈에 걸렸다
하여 곧 죽음으로 이어지지 않는다. 스스로가 관리를 잘하면
주어진 수명대로 살아갈 수 있다.

B교수는 약의 임상실험을 하던 중 우연히도 환자 몇몇이 혈
우병에 걸렸다는 것을 알았다. 그런데 그 환자들의 유전자를
검사하자 C와 D 두 명의 에이즈 환자와 유전자가 비슷하다는
사실을 알게 되었다. 교수는 더 연구를 진행했고 C와 D의 혈액
이 E제약회사의 혈우병치료제 제조에 사용되었고, 이 치료제
를 투여받은 혈우병 환자들이 에이즈에 감염되었다,는 의학적
추정에 이르렀다.

B교수는 치료제를 만들기 위한 혈액 공여자와 그 치료제를
투여받은 환자들에 대한 유전자 검사를 통해 그들의 유전자 사
이에 상동성上同性이 있다는 사실을 확인했다. 그리고 이러한
내용을 담은 〈혈우병치료제로 인한 에이즈 집단 감염 가능성〉
에 대한 연구논문을 발표하였다.

이번 사건은 B교수가 2001년 혈우병 환자가 에이즈에 집단 감염된 사건과 관련 에이즈 바이러스의 풀 유전자의 염기서열을 분석 결과를 토대로 국산 혈우병 치료제가 원인일 수 있다며 이 같은 결과를 외국 의학 전문지인 〈에이즈 리서치&휴먼 레트로 바이러스〉 저널에 게재하면서 시작됐다.

— 〈메디컬타임스〉 2005년 9월 10일

E제약회사는 B교수를 "허위의 사실로 명예를 훼손하여 회사에 손해를 끼쳤다"며 손해배상 소송을 제기했다. 금액은 15억원 안팎이었다. B교수는, 의료전문 변호사인 내가 이 사건을 맡아줄 수 없느냐며 찾아온 것이었다.

내가 변호사가 된 것은 이 사건을 해결하라는 하늘의 뜻

나는 즉각 자료를 검토했다. B교수의 연구가 상당히 타당하다는 확신이 들었다. 변호사로서 소송에서의 승소 가능성을 법률적으로 검토하여야 하지만 전문적 의학지식이 필요한 사안이었기에 사건을 파악하는 데는 나의 의학지식이 상당히 도움이 되었다. 일단 그 사건을 맡기로 했으나 이미 나의 관심은 그 교수의 사건보다 억울하게 에이즈에 감염되었을 수많은 혈우병 환자들에게 가 있었다.

에이즈 감염이라는 청천벽력의 일을 억울하게 당하고 사회

언제부터인가…
나는 메모를 안 하면, 아무 일도 할 수 없다.

에서 소외되어 어디선가 눈물을 닦고 있을 환자들을 도와주고 싶었다. 그래서 환자와 가족들을 만나고 싶다고 교수에게 부탁했다. 그러나 예상했듯이 만남은 쉽지 않았다.

"나는 에이즈 환자 혹은 보균자입니다"라고 밝히는 사람은 거의 없다. 자신의 신분을 외부에 드러내고 싶지 않은 환자들과 가족들이었기에 만나기가 무척 어려웠다. 절대로 비밀엄수하고 오직 환자들을 도와주고 싶다는 나의 간절한 마음을 전달하여 어렵사리 환자와 가족들을 우리 사무실에서 만났다.

100여 명의 환자와 가족들이 한자리에서 '처음으로' 만나 서로 인사를 나누었다. 자신들의 슬프고 억울한 사연들을 들려

줄 때 눈물 없이는 도저히 들을 수 없었다. 무엇보다 가슴 아팠던 일은 감염자의 상당수가 어린아이일 때 감염되었다는 사실이었다. 더 기막힌 일은 그 부모들이 아이가 받을 충격 때문에 감염되었다는 사실을 알려주지 못했다는 것이었다. 세상의 그 어떤 부모가 어린 자식에게 "너는 에이즈 환자야"라고 말할 수 있겠는가!

두 남자아이의 부모는 에이즈에 감염된 중학생 형과 감염되지 않은 초등학생 동생이 한 방에서 함께 지내는데 집이 비좁아 도리없이 그렇게 지낼 수밖에 없다며 두 아이 때문에 매일매일 걱정과 두려움에 떨며 지내고 있다고 눈물로 절규했다.

무엇보다 놀라웠던 것은 자신과 똑같은 사연으로 에이즈에 감염된 사람들이 전국에 수십 명이 있다는 사실을 그날 우리 사무실에서 '처음으로' 알게 되었다는 것이었다. 제약회사가 정보를 차단해 단체 대응을 못하게 한 탓이었다. 그래도 같은 아픔을 함께 나눌 수 있는 사람들이 있다는 것을 알게 된 것이 감사하다고 말했다.

미성년자인 아이들이 에이즈에 감염되었기 때문에 혈우병 치료제로 인해서 그럴 것이라고 막연히 추측은 하였으나 에이즈 환자라는 사회적 약자의 입장에서 혼자 무기력하게 아무것도 할 수 없었다는 한 어머니의 한 맺힌 말이 나의 가슴을 파고들었다.

그날 그분들과 상담하면서 그들이 겪어야 했던 고통을 들으며 나도 엄청나게 울었다. 도대체 왜 이들이 이렇게 고통을 받아야 하는지 이해할 수 없었다. 그분들을 위해 정말 진정으로 나의 작은 힘이나마 보탬이 되고 싶었다. 내가 할 수 있는 일은 소송을 통해 금전적으로나마 그동안의 고통을 배상받을 수 있는 것이었다. 그러나 그때는 이미 첫 사건이 발생한 지 10년이 지난 후였다. 법률적인 소멸시효가 이미 만료되어 법적대응이 어려운 상태였다.

아무것도 안 하고 넘어가면 이 사회적 참사가 역사 속에 묻힐 게 뻔했다. 무어라도 해야 한다는 절박한 마음으로 소송을 하자고 권유했다. 그러나 그들은 소송을 하게 되면 자신들의 실명과 주소가 밝혀진다며 난색을 표했다. 지금도 그렇지만 그때만 해도 에이즈 환자에 대한 극단적 공포가 지배하던 시절에 에이즈 환자임을 밝히는 것은 사회에서 매장당하는 것과 비슷한 일이었다. 나는 소송에서 최대한 신분이 노출되지 않도록 최선을 다하겠다며 간곡하게 설득했다.

두 번째 문제는 변호사 비용이었다. 환자와 가족들의 대부분이 비용을 대기 어려운 실정이었다. 나는 변호사 비용은 받지 않겠다고 했다. 의학적 전문지식과 법률지식이 동시에 필요한 이 사건은 최초의 의료 출신 변호사인 나에게 하늘이 준 소명이라는 생각이 들었기 때문이었다.

어쩌면 내가 변호사가 된 것은 이 사건을 해결하라는 하늘의 뜻이라는 생각도 들었다. 의료에 관해 너무 전문적인 소송이라 내가 아니면 제대로 할 수 있는 변호사가 없을 것이라는 사명감도 컸다.

지루한 공방전 거쳐 1심 승소 그러나 단숨에 2심 패소

그렇게 어려운 만남과 설득 과정을 통하여 환자와 가족들 총 63명의 원고들을 대리한 소송의 대장정이 2003년 2월부터 시작되었다. 환자와 가족들은 절대로 소송 도중 노출시키지 않겠다고 약속한 터이기에 모든 소송 과정은 처음부터 끝까지 혼자의 몫이었다. 마치 내 일처럼 하지 않으면 안 되었다.

E제약회사는 장관 출신 변호사 F와 유명 전관 출신 변호사들을 선임하여 소송 초반부터 기선을 제압하려 했다. 그러나 비록 젊은 여성 초보 변호사였지만 결코 기가 죽을 내가 아니었다. 그럴수록 더 투지가 살아나고 반드시 이겨야겠다는 의지가 불타올랐다.

소송을 시작하면서 혈우병 치료제와 에이즈 감염의 인과관계가 가장 중요한 쟁점이 되었다. 인과관계를 밝히기 위해서는 혈액 공여자와 환자의 유전자 상동관계를 밝히는 것이 핵심이었다. 이를 연구한 B교수가 E제약회사로부터 허위 사실이라며 소송이 제기되어 있는 상황이라 증거의 신빙성이 문제될 수 있었다.

그래서 국가기관인 질병관리본부에서 이 집단 에이즈 감염 사안에 대한 역학조사와 유전자 검사를 해준다면 쉽게 해결될 수 있다고 판단했다. 질병관리본부에 이를 강력히 촉구하는 1인 시위도 난생처음 해보았다.

언론의 힘이 얼마나 막강한지 깨달은 것도 그때였다. 국민을 움직이려면 한 사람씩 만나 설득할 수는 없었다. 하지만 TV의 시청률 높은 탐사보도 프로그램을 활용하면 가능하리라 믿었다. 방송이 이루어지기까지 많은 어려움이 있었으나 유명한 PD들을 수소문하여 방송에서 이 억울한 사연을 보도해 달라고 호소했다.

처음에는 모두 난색을 보였다. 관심을 보인 방송국조차 의료와 법률적 이슈가 많은 내용이라 취재를 결정하지 못했다. 나는 그동안의 내용을 바탕으로 직접 프로그램 대본을 작성하여 PD들을 설득시켰다. 마침내 KBS 〈추적 60분〉에서 혈우병 환자들의 에이즈 집단 감염 피해를 다루었다. 단 1시간 방송이 진실을 널리 알려 국민의 관심을 끌어모으는데 소요된 시간이었다.

우리가 절대 간과하지 말아야 할 것이 있다. 방송과 언론이 막강한 힘이 있는 만큼 국민의 마음을 악의적으로 이용하고 선동하는 수단이 되어서는 안 된다는 사실이다. 방송의 내용이 진실일 것이라는 국민의 믿음은 정보의 진실 여부를 검증하는 과정을 따로 거치지 않기 때문이다. 또한 수단으로 사용된 거짓 정보를 바로잡는 것은 사실상 불가능하다.

약 3년에 걸친 지루한 법정소송 공방을 통하여 2005년 7월 1심 재판에서 혈우병 치료제와 에이즈 집단 감염의 인과관계를 인정받아 승소하였다. 그러나 안타깝게도 2008년 1월 2심에서는 인과관계가 없다는 판결이 내려졌다. 즉 패소한 것이다.

소송에서부터 1심 판결까지 걸린 시간은 3년여였지만 2심은 불과 몇 개월만에 판결이 났다. 참으로 기이하게도, 치열했던 1심과 달리 2심에서는 법정에서 쟁점에 관한 법적 다툼도 없이 소송이 제기되자마자 마치 기다렸다는 듯 일방적으로 패소 판결이 내려졌다. E제약회사는 2심 주심 판사와 함께 근무했던 전前 부장판사 출신 변호사인 전관을 선임했고, 그 결과 2심에서는 속전속결로 패소했다. 나는 곧 대법원에 상고했다.

한편으로는 이 패소 판결과 이러한 판결이 내려진 제도가 불의不義라 생각했다. 나는 평소에는 아주 순한 성격이며 외향적이 아니라 내향적이다. 어렸을 때 아이들과 어울려 노는 것보다 혼자 방에서 책 읽는 것을 좋아했다. 국민학교 4학년 때 반장을 했는데, 리더십이 뛰어나서가 아니라 순전히 공부를 잘해서 담임선생님이 시킨 것이었다. 반장으로 지명받았을 때 겁이 덜컥 났다. 아이들 앞에 서 본 적이 없는 내가 과연 반장을 제대로 할 수 있을까? 그러나 나는 무엇이든 지기 싫어하는 도전정신이 있었기에 반장을 맡아 열심히, 잘 해냈다.

나의 성격은 평소에는 온순하지만 불합리와 불의 앞에서는 투사 정신이 타오른다. 에이즈 감염자들은 억울한 희생자들이었다. 그런데 판사 1명에 의해 또다시 희생당하는 부조리한 현실에 분노했다. 그럼에도 법을 공부한 사람으로서 법의 벽을 뛰어넘을 수는 없었다. 다른 방법을 찾아야 했다.

소송을 진행하면서 나는 국회를 찾아가 여러 차례 호소했다. 억울한 피해자들을 구제해주어야 한다고 읍소했다. 그러나 단 1명의 국회의원도 만나지 못했다. 의원 보좌진들에 의해 늘 '커트cut' 당했다. 사안이 너무 어렵다는 것이었다. 내용 자체도 어렵고 전문용어들이 너무 많아 무엇이 무엇인지 알 수 없다는 것이었다. 그들은 모두 나를 외면했다. 엄밀히 말하면, 피해받은 국민을 외면한 것이다.

그때 나는 이 불합리와 불의를 타개하는 방법은 내가 직접 국회의원이 되어 해결하는 것이라고 결심했다. 그래서 대법원에 수백 장의 상고이유서를 제출하고 2008년 치르는 제18대 총선에 출마하기로 마음먹었다.

나를 정치인으로 만든 것은
팔할이 불합리였다

에이즈집단 감염을 맡기 전부터 나는 사회적 약자와 소외된 사람들에 대한 관심을 갖기 시작했다. 국가와 사회에서 많은 은혜를 받은 내가 그것을 사회에 돌려주는 것이 소명이라는 생각이 있었다. 그래서 조금이라도 실천하는 의미에서 어렵고 힘든 사람들을 위한 무료소송을 많이 했다.

오랜 기간 의뢰인들과 대화하고 공감하다 보니 그 사람들의 일이 마치 내 일처럼 느껴지는 것은 당연했다. 많은 경우가 법률의 불합리와 미비에서 오는 억울한 사연들이었다.

그래서 의뢰인들을 대신하여 국회와 정부에 입법청원이나 소관 상임위에서 정책 질의 등을 요청하기 위해 방문했다. 그러나 초보 여성 변호사가 할 수 있는 일은 한정적이었다. 의원들이나 책임있는 정부 관계자는 만날 수조차 없었다. 내가 생각했던 '불합리하고 미비한 정책이나 법률'을 재개정하는 것은 불가능해 보였다.

그러한 현실적 법 앞에 맞닥뜨리자 내가 직접 해야겠다는 마음이 생겼다. 변호사로서 소송을 수행하여 사회에 의미있는 일을 하는 것도 중요하지만 정치인으로서 법률과 정책을 마련하면 더 많은 사람들에게 더 좋은 일을 할 수 있을 것이었다.

소송에서 느꼈던 사회의 여러 불합리성에 울분을 토하고 혼자 싸워오다가 이러한 문제를 스스로 고쳐보고자 정치인—구체적으로 국회의원—이 되기로 했다. 나에게 새로운 도전이 필요할 때가 온 것이다.

혈우병 환자 에이즈 집단 감염 사건에 대한 상고심은 3년 이상 판결이 나지 않고 대법원에 계류되어 있었다. 그러다 2011년 가을, 결국 10년 가까이 걸친 오랜 법정 공방 끝에 대법원에서 승소했다.
변호사 시절인 2003년 2월 제기한 소송이 국회의원이 되어서야 마무리 소식을 듣게 된 것이다. 거대 제약회사를 상대로 쟁쟁한 전관 출신 변호사들과 맞서 젊은 여자 변호사가 마치 골리앗과 다윗의 싸움을 거쳐 이긴 기분이었다.

승소 소식을 듣던 날, 10년 세월이 파노라마처럼 스쳐 지나갔다. 피해자 가족들과 억울하고 슬퍼서 함께 울었던 일, 감염된 아이의 똘망똘망한 눈망울, 1인시위하던 모습, 법정에서의 치열한 공방…. 감격으로 가슴이 벅차왔다.

승소 소식을 듣고 얼마 지나지 않아 대한적십자사에 대한 국정감사가 있었다. 국감에서 혈액의 안전관리를 촉구하면서 제약회사의 혈액 제제製劑 과정에서의 감염 가능성 차단을 위한 제도적 대책을 마련할 것을 촉구하였다.

국감장은 마치 영화의 한 장면처럼 느껴졌다. 젊은 초보 여자 변호사 시절 거대 제약회사와 싸우고 정부와 부딪치면서 다투던 내가 그 어렵던 소송에서 승소하고 이제는 국회의원이 되어 다시 혈액관리 정책과 제도를 점검하는 자리에 앉아 있다는 것이 믿기지 않았다.

변호사가 된 이후 나는 여러 기관, 단체, 조직으로부터 위원(이사)으로 와달라는 제안을 받았다. 1999년 외교통상부 한국-칠레 FTA 자문변호사를 시작으로 대한의료법학회 상임이사, 여성연합미디어센터 운영위원, 녹색소비자연대 상임위원, 식품위생심의위원회 위원, 대한에이즈예방협회 이사 등 여러 기관의 위원을 맡아 활동했다. 또 연세대 의과대학 법의학과 외래부교수, 가톨릭대 의료경영대학원 외래교수. 전남대 치과대학 외래교수 등 서울과 지방의 여러 대학에서도 외래교수로 강의를 했다.

변호사 업무로 눈코뜰새 없이 바쁘면서도 그 많은 일을 한 이유는 오직 하나였다. 권력이나, 명예, 돈이 아니라 다른 사람들에게 그리고 우리 사회와 국가에 도움을 주기 위해서였다. 단 1시간이라도 회의에 참석해 어떻게 하면 사람들에게 좋은 도움을 줄 수 있을지 고민하고 실천에 옮겼다.

불합리를 타파하기 위해 정치인의 길로

변호사가 된 직후 사상 최초의 치과의사 출신 변호사라는 직함으로 언론의 많은 관심을 불러일으켰다. 정치권에서도 여러 정당에서 영입 제안이 계속 왔다. 그 제안들을 모두 거절했다. 그때까지만 해도 정치에 관심이 없었고, 정치인을 좋은 시각으로 바라보지도 않았다.

그러다가 혈우병 소송이 2심에 어이없이 패소하자 무언가 다른 방법을 찾아야겠다는 마음이 솟아났다. 마침 2008년 18대 총선이 다가오고 있었다. 선거에 참여하는 정당은 9개였지만 여당이자 보수파인 한나라당 대 야당이자 진보파인 통합민주당의 대결이었다. 제3당은 자유선진당이었다.

나는 민주당 홈페이지에서 비례대표 신청서를 다운받아 작성했다. 다음 날 난생처음 민주당 당사로 찾아가 직접 제출했다. 1999년 변호사로 사회활동을 시작한 뒤 대한민국 곳곳을 다녔으나 정당 당사에 간 것은 9년 만에 처음이었다. 사람들은 나에게 "영남 출신이 왜 민주당에 지원했느냐?"고 물었다.

매우 고정관념이 가득한 질문이었다. 우리나라는 언제부터인지 동쪽은 보수파(공화당 계열), 서쪽은 진보파(민주당 계열)로 나누어져 버렸다. 그래서 호남 사람이 한나라당을 지지하면 비난을 듣고, 영남 사람이 민주당을 지지하면 욕을 먹는다.

그러나 나는 영남 출신이지만 지역주의라는 개념에 얽매이고 싶지 않았다. 지역주의는 가장 먼저 깨뜨려야 할 정치적 망국병이라 생각했다. 지역주의를 깨고 계급주의를 깨는 것이 당선되는 것보다 우선되는 가치였다. 나는 우리 사회와 대한민국의 긍정적 변화를 원했다.

나의 이 신념은 시간이 흘러도 변하지 않았다. 2012년 19대 총선이 다가올 때 당黨 선거본부는 나에게 당선 가능성이 높은 지역구에 출마하도록 했다. 그러나 나는 거절했다. 내가 아니더라도 민주당 후보가 당선될 확률이 높다면 굳이 내가 출마할 이유가 없었다. 나는 당선 가능성이 희박하더라도 내가 생각하는 정치적 가치를 실천하는 것이 우선이었다.

민주당 공천심사위원회에서 18대 비례대표를 발표하던 날 나는 집에서 TV를 보고 있었다. '되면 좋지만 되지 않아도 크

정치를 통해 할 수 없는 일이 많았다.
그렇지만 국민권익위에서 풀리지 않는 일을 해결할 수 있었다.

게 개의치 않는다'는 마음이었다. 그런데 내가 7번으로 비례대
표 후보가 되었다는 뉴스가 나왔다. 의외의 결과에 나도 깜짝
놀랐다.

그렇게 나는 정치인이 되었다. 치과의사에서 변호사로 변
신하는데 9년, 변호사에서 정치인으로 변신하는데 9년이 걸
렸다. 그 기간이 중요한 것이 아니라 변신의 이유와 과정이 중
요했다. 나 자신이 아니라 다른 사람에게 도움을 주는 삶을 살
아야겠다는 꿈과 실천에 의미가 있었다. 만약 내가 혈우병 2심
재판에서 승소했다면 아마 계속 변호사를 하고 있었을지도 모
른다.

그런 의미에서 나를 정치인으로 만든 요인은 불합리, 불의,
불공정, 부조리였다. "나를 키운 건 팔할이 바람이었다." 서정
주 시인의 시 '자화상'에 나오는 것처럼 나를 정치인으로 만든
것은 팔할이 불의에 대한 저항이었다. 그것을 타파하여 평범
한 사람들이 행복하게 살아갈 수 있도록 하는 것이 정치인으
로서 나의 임무였다.

소리 없는 살인자…
그 실체를 밝혀라

   역사에는 억울한 죽음이 너무 많다. 그 죽음(사건)을 말하거나 떠올리면 나는 가슴이 먹먹해지고 눈물이 먼저 난다. 어떤 사람은 자신이 그러한 일을 겪지 않았음에도 그 사건을 말하면 분노가 치솟고 슬픔이 밀려와 아예 생각조차 하지 않으며, 입 밖으로 꺼내지도 않는다 한다. 그 말에 공감한다. 그러나 그 죽음에 정면으로 부딪쳐야 할 사람이 있다.

   국회의원도 그중 한 명이다. 18대 보건복지위원회에서 일할 때 전 국민을 불안하게 만든 집단적 참사와 맞닥뜨렸다. 가정에서 흔히 사용하는 가습기 살균제가 참사의 원인이었다. 무심코 사용하는 가습기 살균제가 질병을 일으켜 많은 사람이 불치병 환자가 되거나 사망에 이르렀다. 이른바 '가습기 살균제 사건'의 시작이었다. 그 누가 가습기가 사람을 죽이리라고 생각이나 했을까!

심각성이 드러나기 시작한 것은 2011년 4월경이었다. 그 이전에도 피해자들은 자신이 왜 죽음에 이르는 질병에 걸렸는지 그 이유조차 모른 채 세상을 떠나기 시작했다. 정부와 언론도 원인을 규명하지 못하는 사이에 피해자는 점점 늘어갔다. 2006년에도 이미 비슷한 사건으로 많은 피해자가 발생했지만 그때도 정확한 원인을 파악하지 못했다.

그러다 한 의사가 자신의 병원 소아과에서 어린 폐질환 환자들이 대거 발생하자 사태의 심각성을 깨닫고 동료 의사들과 조사한 끝에 전국 곳곳에서 유사 환자들이 있다는 사실을 확인했다. 하지만 그때까지도 역학조사는 이루어지지 않았다.

의료진이 논문을 통해 집단으로 발생하는 폐질환 사례를 알렸으나 아무런 진전이 없었다. 서울의 A대형병원에서 똑같은 증상으로 고통받는 폐질환 환자가 몰린 2011년 4월 말이 되어서야 질병관리청의 역학조사가 시작되었다.

절박하게 외쳤던 그때의 기억

범인은 가습기 살균제였다. '아이에게도 안심'이라고 라벨에 버젓이 써놓은 거의 모든 가습기 살균제가 국민을 살상하는 독이었던 것이다. 하지만 정부와 언론은 이를 제대로 알리지 않았다. 그렇게 거대 기업들의 제품과 연관된 사건의 진실이 세상에 알려지지 않은 채 덮이는 듯했다.

2011년 어느 날, 한 의사로부터 연락을 받았다. B 대학병원의 의사라고 신분을 밝힌 그는 자신이 근무하는 병원에서 심상찮은 폐질환 환자들이 몰려드는데 그 원인이 가습기 살균제로 추정된다고 했다. 그러고는 국회에서 진상을 밝혀달라고 요청했다.

순간 머리가 멍해졌다. 불과 수년 전 내가 국회의원들을 찾아다니며 혈우병 환자들의 에이즈 감염에 대한 진상을 밝혀달라고 절박하게 외쳤던 모습과 겹쳐졌기 때문이었다. 그때 국회에서 나의 외침이 철저히 외면당할 때 느꼈던 좌절감도 함께 떠올랐다.

'그래, 나는 바로 이런 일을 하기 위해 국회의원이 되었어!'

직원들과 함께 즉각 사실관계 파악에 나섰다. 2011년 10월, 18대 마지막 국정감사가 다가오고 있었다.

내 등을 떠밀은 것은 사회적 약자들의 고통

식품의약품안전처에서 안전성 관리 감독을 제대로 하지 않고 가습기 살균제를 시중에 유통시킨 것은 명백한 직무유기였다. 게다가 다수의 피해자들이 발생했지만 가습기 살균제는 여전히 판매되고 있었다. 이에 따라 피해자들은 계속 생겨났다.

하지만 아무도 문제점을 지적하거나 대책을 세우는 이가 없었다. 심지어 피해자들의 안타까운 죽음이 계속 일어나는 와중에 정부가 나서서 원인을 알리고 피해를 경고하거나 유통중인 제품을 수거하기는커녕 계속 방치한 상태였다.

제보를 듣고 사실을 확인한 나는 국회 보건복지위 소속 의원으로서 18대 국회 마지막 국정감사를 통해 가습기 살균제가 일으킨 사회적 참사를 국회에서 다루어 세상에 알렸다. 2011년 10월 국감에서 보건복지부 장관에게 정부가 빠르게 역학조사 등을 통해 진상을 파악하여 피해자 대책을 수립할 것을 촉구했다.

또한 시중에 유통되고 있는 문제의 가습기 살균제를 시급하게 수거하여 더 이상 피해가 발생하지 않도록 조치할 것을 강력하게 요구했다. 나아가 국가와 가해 기업들이 피해자들에게 보상해야 하는 법적 책임을 지적하고 조치를 촉구했다.

최초로 국회 국감에서 가습기 살균제 피해의 참상이 세상에 드러나는 순간이었다. 이후 언론도 앞다투어 이 사건을 대서특필하고 정부도 대책 마련에 나서기 시작했다. 이후 2011년 11월 11일이 되어서야 질병관리본부는 뒤늦게 살균제 수거 명령을 내렸다. 그러나 이미 많은 피해자들이 발생하고 난 후였다.

우리는 너무 힘들고 고통스러울 때 "숨을 쉴 수 없다"고 말한다. 살균제 피해자들이 그러했다. 매일매일 숨을 쉴 수 없는 고통을 받으며 하루하루를 견뎌야 했다. 나는 이번에는 변호사가 아닌 정치인으로서 피해자들의 곁에 머물렀다. 사회적 약자들의 고통을 덜어주고 싶은 내 마음은 당연히 그곳에 있어야 한다고 내 등을 떠밀었다.

그 사건의 국정감사를 마친 뒤 나는 국회를 떠났다. 변호사로 돌아가 국회의원이 되기 전 상고이유서를 제출했던 혈우병 사건을 다시 맡았다. 대법원이 항소심을 파기환송한 혈우병 에이즈 감염 사건이 진행되는 고등법원에서 재판에 집중했다. 이 사건을 승소로 마무리 짓고, 2018년 강남乙 지역구 의원으로 당선되어 20대 국회의원이 되었다. 그런데 그때까지도 살균제 피해자들은 국가와 가해 기업으로부터 피해보상을 받지 못한 채 계속 투쟁하고 있었다.

나는 우선 가습기 살균제 피해자들과 함께 국회에서 간담회를 열었다. 그동안 자신들의 억울함을 국회의원이나 정부에게 제대로 이야기조차 못했던 피해자들과 가족들은 분노를 터뜨렸다. 마치 나에게 쏟아지는 원망인 듯 느껴져 죄스러운 마음이 들었다. 2019년 10월에 피해자들을 효율적으로 구제할 방안인 〈가습기 살균제 피해구제 특별법 개정안〉(일명 '전현희법')을 발의하여 2020년 3월 법안이 통과되어 공포되었다.

그동안 나는 의료소송을 하면서 의학 지식이 미비한 일반인

기다림.
삶은 기다림이다.
정치는, 사람에 대한 기다림이다.

들이 자신의 모든 피해를 입증해야 하는 어려움과 불합리한 상황을 잘 알고 있었다. 그래서 이 법안의 주요 골자는 거대 기업에 의해 의도치 않게 피해자가 된 일반인들이 국가와 기업으로부터 손해배상을 받을 수 있도록 입증책임을 전환하는 것이었다. 또한 복잡한 절차 때문에 배상을 받기 어렵게 되어 있던 절차를 정비하여 더 쉽게 배상받을 수 있게 했다.

나는 혈우병 에이즈 사건 때, 항소심 패소 후 변호사로서 능력의 한계를 체감하고 차라리 직접 법을 만드는 사람이 되어 사회적 약자를 보호하겠다는 다짐으로 정치를 시작했다. 가습기 살균제 특별법이 국회 본회의에서 통과되는 순간 마음속으로 내게 말했다.

'내가 정치를 시작하면서 다짐했던 자그마한 책임 하나를 완수했구나.'

우리는 그것을
어떻게 이겨냈을까?

"빨리, 일어나보거라. 티비(TV)에서 이상한 뉴스가 나오고 있다."

어머니가 흔드는 바람에 나는 눈을 떴다. 오후부터 감기 몸살 증세가 있어 국회에서 다른 때보다 일찍 퇴근하고 집으로 돌아왔다. 저녁밥을 먹는 둥 마는 둥 몇 숟가락 뜨고는 약을 먹었다. 곧 약기운이 올라와 일찍 잠을 청했다.

그런데 어머니가 나를 흔들어 깨우는 것이었다.

"티비를 봐야겠다. 아까부터 이상한 뉴스가 나온다."

나는 몸을 일으켜 머리맡에 있는 핸드폰을 들었다. 수십 통의 메시지가 들어와 있었다. 평소와 다른 너무 많은 메시지였다. 핸드폰을 들고 거실로 나가 TV를 보았다. 내 방에서 거실

로 가는 2~3초 동안 어머니가 말하는 '이상한 뉴스'라는 것은
무엇일까? 생각해보았다.

한밤중의 '이상한 뉴스'

윤석열 대통령이 계엄 선포문을 발표하고 있었다. TV에서
들려주는 뉴스는 대한민국의 평범한 사람들이 보면 이해하기
어려운 뉴스였다. 나아가 도저히 납득할 수 없고, 공감할 수 없
는 것이었다. 어머니의 '이상한 뉴스'라는 표현도 맞지만 순간
적으로 나는 '기어코 윤석열이 변란變亂을 일으켰구나!' 하는 생
각과 뒤이어 이것으로 인해 대한민국은 엄청난 대전환을 맞을
것이라는 예감이 들었다.

대전환은 둘 중 하나였다. 민주주의가 파괴된 독재 국가에
서 살아가느냐, 아니면 평범한 국민이 주인으로서 진정한 민주
주의를 누리느냐?였다. 뉴스는 계속 윤석열의 비상계엄 선포
를 보도하고 있었다.

친애하는 국민 여러분. 저는 북한 공산 세력의 위협으로부터 자유
대한민국을 수호하고, 우리 국민의 자유와 행복을 약탈하고 있는
파렴치한 종북 반국가세력들을 일거에 척결하고 자유헌정 질서를
지키기 위해 비상계엄을 선포합니다.

훗날 받아본 윤석열 대통령의 〈비상계엄 선포 전문〉은 '존경하는 국민 여러분'으로 시작하여 '저를 믿어주십시오.'로 끝난다. 모두 1,252자이다. 이 문서는 처음부터 끝까지 진실은 하나도 없다. 첫 문장 '존경하는 국민 여러분'부터 거짓이다. 국민을 존경하는 사람이 한밤중에 느닷없이 도둑고양이처럼 비겁하게 비상계엄을 선포하겠는가! 그는 대통령에 취임한 2022년 5월 10일 이후 국민을 존경한 적은 단 한번도 없었다.

본문에 실린 대부분의 내용도 거짓 주장이며, 마지막 '저를 믿어주십시오'라는 말도 거짓이다. 자신을 믿어달라고 부르짖는 사람이 체포당하기 싫어 경호처 직원들 뒤에 숨고 부하들에게 책임을 떠미는 졸렬한 행위를 하겠는가.

나는 12.12사태 버금가는 내란 쿠데타가 일어났음을 직감했다. 그리고 대한민국에 두 가지 선택 중에서 하나가 주어졌다는 것을 또 한번 느꼈다. 윤석열의 비상계엄이 성공하여 민주주의가 완전히 파괴된 독재국가가 되느냐, 아니면 계엄을 분쇄하고 자유민주주의를 계속 지켜나가느냐? 중에서 하나였다.

뉴스를 보자마자 방으로 들어가 배낭 하나를 꺼내 이것저것 주섬주섬 넣기 시작했다. 감기 몸살 기운은 아직 몸에 남아 있었으나 정신은 그 어느 때보다 뚜렷했고, 심장은 격렬하게 뛰었다. 어머니가 물었다.

"가방은 갑자기 왜 싸니?"

나는 국회로 가야 했다. 불법 비상계엄을 해제할 수 있는 사람은 국회의원 밖에 없었다. 문제는, 되돌아올 수 없을지도 모른다는 것이었다. 국회로 들어가기도 전에 붙잡힐 수 있었고, 국회에 들어갔다 하여도 그 안에서 붙잡힐 수도 있고 죽을 수도 있었다. 더 불운하게는 집을 나서자마자 계엄군에게 붙잡힐 수도 있었다. 저들은 '체포'라는 단어를 사용했지만 체포가 아니라 무자비하게 붙잡아갈 것이었다. 지금 집을 떠나면 영영 돌아오지 못할 수도 있다는 예감도 들었다.

국회에서 무기한 농성을 하거나 붙잡혀 어딘가로 끌려갈 경우를 대비해 약과 옷, 양말, 볼펜, 수첩, 핸드폰 충전기… 등등을 가방에 넣었다. 주민등록증이 들어 있는 지갑을 열자 현금 12만 원이 있었다.

"엄마, 돈 있으면 빌려주세요."

어머니는 안방으로 들어가 돈을 들고 나왔다. 집에 있는 현금을 챙겨 지갑에 넣고 동전도 챙겼다. 핸드폰이 되지 않을 경우를 대비해 공중전화용 동전을 챙기고, 시계도 찼다. 옷을 입고 운동화를 신었다.

"이게 왠 변괴람! 여하튼 조심하거라…."

어머니는 걱정이 한가득이었다. 딸에 대한 걱정인지, 나라에 대한 걱정인지 알 수 없었다. 둘 다였을 것이었다. 현관문 밖으로 나가는 내게 어머니는 또 말했다.

"다 잘 될 것이다. 나쁜 것이 좋은 것을 이기지 못한다. 잘하고 와라!"

'어디로, 어떻게 들어갈까?'

밤 날씨는 차가웠다(영하 6도였다고 기록되어 있다). 바람이 서늘하게 불어와 얼굴을 스쳤다. 계엄군이 집으로 체포하러 올지 모른다는 생각에 엘리베이터가 아닌 계단을 이용하여 내려갔다. 놀라서 달려온 보좌진들과 함께 국회로 향했다.

핸드폰이 불이 나듯 울렸고 메시지는 백여 통이 넘어갔다. 당(민주당) 단톡방은 마치 양철지붕에 빗방울 떨어지듯 토독, 토독, 토독 메시지가 왔다. 국회 진입 방법과 본회의장으로 최대한 빨리 오라는 전언이었다. 여의도로 가는 길 위에는 차들이 많지 않았다.

나는 어둠에 잠긴 서울을 보았다. 가로수들, 불을 밝힌 가로등, 높은 빌딩들, 아파트들, 어느 창은 불이 꺼지고 어느 창은 환하고… 번쩍이는 네온사인, 그 아래를 걷는 사람들, 윙— 소리를 내며 질주하는 자동차, 배달에 바쁜 오토바이, 바람소리…. 평범한 12월의 밤이었다. 그 모습이 내일이면 완전히 다르게 펼쳐질 수 있었다.

만약 의원들이 국회에 들어가지 못하거나, 들어가서 모였다 하여도 의결을 하지 못하거나, 계엄군에 전부 붙잡혀가고 윤석열의 계획대로 계엄이 성공한다면 어떻게 될까? 답은 분명했다. 대한민국은 순식간에 대혼란과 함께 비극이 펼쳐질 것이었다. 시민들은 계엄 찬동파와 민주 수호파로 나뉘어 격렬히 대립할 것이며 계엄군은 명령에 따라 시민들을 강경 진압할 것이다. 그러나 부당한 억압에 저항하는 정신을 지닌 한국인들은 굴복하지 않을 것이다.

하지만 그 과정에서 유혈사태가 일어나 1980년 5월 18일의 비극이 다시 일어날 수 있었다. 민주주의는 50년 전으로 후퇴하고, 경제, 문화, 사회, 교육, 외교… 모든 것도 기초부터 흔들릴 것이다. 나는 그렇게 되는 것을 반드시 막아야 했다. 그러기 위해서는 국회로 들어가야 했다. 30여 분 후 어둠 속에서 국회의사당 돔이 희미하게 보였다.

차가 국회 쪽으로 다가갈수록 무리지어 있는 사람들의 형태가 모습을 드러냈다. 국회를 막고 있는 군인·경찰들과 그들 앞에 대치하고 있는 시민들, 그 모습을 보도하는 언론사들이었다. 경찰의 저지로 차는 더 이상 갈 수 없었고, 국회로 들어갈 수도 없었다. 핸드폰 메시지는 계속 들어왔다. 내 생각은 오직 하나였다.

'어디로, 어떻게 들어갈까?'

그 시각에 여러 의원들은 각자의 방법으로 국회 진입을 시도했다.

훗날 보도에 의하면

국회를 통제한다는 소식이 알려지자 우원식 국회의장, 이재명 민주당 대표 등 몇몇 국회의원들이 곧바로 담을 넘어 국회로 들어갔다. 의원들의 출입 통제가 시작된 후에도 1급 시각장애인 서미화 의원, 안철수 의원, 이학영 국회부의장, 천하람 개혁신당 원내대표 등이 담을 넘어 참석하는데 성공했다. 박지원 의원은 통제를 정면 돌파해 참석했다.

To be or not to be

내가 탄 차는 국회 담을 따라 한 바퀴 빙 돌았다. 국회에는 여러 개의 출입문이 있다. 수소충전소가 있는 곳이 경비가 허술하다는 연락이 와서 그쪽으로 갔으나 이미 봉쇄되어 있었다. 모든 문이 진입 불가능했다.

나는 차에서 내렸다. 시민들이 40~50명 몰려 있었다. 그들은 단번에 나를 알아보았다. 문이 막혔다면 담을 넘어서라도 들어가야 했다. 경비가 소홀한 곳을 찾았다.

"윤석열 정권의 탄압에 굴하지 않았던 '투사' 전현희가 왔다. 도와줘야 한다"고 시민들이 소리쳤다.

사실 나는 부드럽고 내성적인 사람이다. 하지만 불의를 보면 참지 못하는 성격이기에 윤석열의 부당함에 맞섰다가 투사

힘들고 지칠 때 나를 미소짓게 해준 건 국민들이었다.
나는 그 고마움을 안다. 받은 것을 꼭 돌려주어야 한다.

가 되었다. 그 별칭이 어색했지만 시민들이 단박에 나를 알아 보며 환호하니 뿌듯한 마음도 들었다.

문이 막혀 들어가지 못하는 나를 보고

"저희가 도와줄게요."

서너 명의 시민들이 나를 번쩍 들어올렸다.

"자, 던집니다. 조심하세요."

"네~"

하나 둘 셋!

나는 국회 담장을 넘어 안으로 던져졌다. 담을 넘기는 난생 처음이었다.

'세상 참, 별일을 다 겪는구나.' 생각이 들었다. 뒤이어 오늘 이 가기 전에 이보다 더 심한 일을 겪을 수 있을 것이라는 암울 한 생각이 들었다. 그러나 그것을 이겨내리라 각오를 다졌다.

쿵! 소리를 내며 국회 안쪽 마당으로 떨어졌다. 오른쪽 다리 에 날카로운 통증이 왔다. 담장에 꽂혀있는 쇠창살에 부딪치며 허벅지가 긁힌 것이었다. 서너 시간 지나면서 종아리는 피멍이 들었고 일주일 내내 시커멓게 부어올랐다.

내가 떨어진 곳에 다행히 경찰이나 군인은 없었다. 멀리서 경찰이 달려오는 소리가 들렸다. 의사당 곳곳에 경찰들과 군인 들이 포진하고 있어 잠시라도 머뭇거릴 틈이 없었다. 곧이어 가방이 안으로 던져졌다. 재빨리 일어나 가방을 메고 사방을 둘러보았다.

경찰이나 군인들에게 붙잡히기 전에 의사당으로 들어가야 했다. 국회 본회의장을 향해 뛰었다. 300미터가 약간 넘는 거리였다. 고3 때 체력장에서 100미터 달리기를 했던 시절을 떠올리며 전력 질주를 했다.

머릿속에 떠오르는 생각 하나는 To be or not to be였다. 우리가 윤석열에 승리하여 민주주의를 지켜내 계속 'to be'할 것인지, 아니면 윤석열에 패배해 대한민국이 독재국가로 전락하는 'not to be'로 갈 것인지… 절체절명의 순간이었다.

훗날 조사에 의하면, 특전사령부 소속 707특수임무단 197명, 1공수특전여단 277명, 수도방위사령부 소속 군사경찰과 1경비단 211명, 총 685명의 병력이 국회에 투입되었다.

정의와 민주를 향해 뛰는 것은 나의 운명

의사당을 향해 뛰면서 국회 본회의장에서 최대한 신속히 비상계엄 해제 표결을 해야 한다는 생각밖에 없었다. 의원들이 빨리 모여주기를 기도했다. 멀리 지방에 있는 의원은 제시간에 오기 어렵겠지만 그렇지 않은 의원은 빨리 도착해주기를 빌었다. 의원들이 경찰이나 군인에게 체포, 억압 당하지 않고 모이기를 간절히 바랐다.

헌법 제77조 5항은 "국회가 재적의원 과반수의 찬성으로 계엄의 해제를 요구한 때에는 대통령은 이를 해제해야 한다"고 규정하고 있다. 이를 위해서는 151명이 모여야 했다.

본회의장을 향해 뛰면서 내 머릿속에는 여러 생각이 스쳤다. 정치인을 하지 않고 변호사를 계속 했으면 편하게 잘 살았을 텐데…. 변호사를 하기 싫으면 치과병원을 운영하면서 편하게 잘 살았을 텐데… 언론에 오르내리지도 않고, 반대파에 억압당하지도 않고, 맹목적으로 비난받지도 않았을 텐데….

하지만 나에게 주어진 운명이었다. 치과의사로서 편안한 삶을 거부하고 변호사에 도전한 것, 변호사의 삶에서 정치인으로 변신한 것은 오직 국민을 위해 부패와 불의를 타개하기 위해서였다. 그 길을 가려면 전혀 예측하지 못했던 파고도 이겨나가야 했다. 나는 그렇게 정의와 민주, 자유를 향해 뛰었다. 국민을 향한 걸음은 계속될 것이다.

제3부

국민과 국가를 위해
일한 3년은 행복의 나날

'국민권익위원회'에서
위원장으로 일하면서

상처가 생길 때보다
상처를 보듬을 사람이 없을 때
우리는 더 슬프다.

국민의 권익은 높이고,
고충과 불편은 줄이고

어떤 의미에서는 이 기관을 알지 못하는 것이 행복한 삶일 수 있다. "아! 그런 기관이 있나요?"라고 묻는 사람은 법이나 제도, 정부 정책에 의해 억울한 피해를 당한 적이 한번도 없으며, 다른 사람이나 조직, 지자체와의 갈등도 없으며, 권익과 권리를 침해당한 적이 한번도 없다는 뜻이다. 혹은 피해와 고충, 억울함이 있지만 꾹 참고 살아가는 사람도 있다.

그러나 우리가 생각하는 것 이상으로 국가가 만든 제도와 정책으로 인하여 피해, 침해를 당한 사람들은 많으며, 고충과 갈등을 겪고 있는 사람들도 많다. 지금 이 순간에도 누군가는 억울한 피해로 인해 마음속에 큰 상처를 안고 살아간다. 그들의 갈등을 중재해주고, 피해와 억울함, 고충을 해결해주는 기

국민권익위원회의 시작은 의욕이 넘쳤다.
정치인에서 행정가로 변신했다.
나는 갈등의 중재자로 나서기로 했다.

관이 국민권익위원회이다.

국민권익위원회國民權益委員會, Anti-Corruption & Civil Rights Commission
는 불합리한 행정으로 인한 국민의 권익 침해를 신속하게 해결
하고 부패행위를 효과적으로 예방하는 국무총리 직속기관이
다. 예전에 설립된 국가청렴위원회, 국민고충처리위원회, 국
무총리 행정심판위원회의 3개 기관을 통합하여 2008년 2월
29일 출범했다.

국민고충처리위원회는 1994년에 정식 출범했으며 우리에
게 널리 알려진 '국민신문고'는 2005년부터 운영되었다. 행정
심판위원회는 1985년 설립되었고, 국가청렴위원회는 2001년
〈부패방지법〉을 제정하면서 태동되어 2005년 국가청렴위원
회가 되었다.

위 3기관이 하는 일은 공무원과 공공기관이 청렴하고 공정
하게 업무를 추진하는가, 국민들이 누려야 할 정당한 권리가
억압받고 있지 않는가, 잘못된 정책(혹은 제도)으로 인하여 국
민들이 피해를 입고 있지 않는가 등을 살펴 그것을 바로 잡는
것이다. 세 기관의 일이 중복되는 경우가 많아 이를 효율적으
로 빠르게 처리하기 위해 국민권익위원회로 통합하여 새롭게
탄생했다. 주요 기능은 크게 '부패 방지, 권익 구제, 국민소통·
제도개선' 세 가지이다.

위원장은 장관급이며, 국회의 인사청문회를 거치지 않고

대통령이 임명한다. 임기는 3년이지만 2026년 3월 현재 역대 9명의 위원장 중에서 임기를 채운 사람은 나를 포함해 3명에 불과하다.

강제가 아닌 권유와 조정을 통해 문제 해결

국민권익위는 국민들의 민원 해결과 제도개선책을 만들어 해당 정부 부처에 권고하는 기관이다. 강제적인 집행력은 없다. 어떤 민원이 발생했을 때 그 민원을 철저하게 조사하여 해결책을 만들어 관련된 기관에 시정 권고(권유)를 한다. 혹은 A지역과 B지역에 갈등이 생겼을 때 두 지역의 의견을 청취하고 적합한 중재안을 내놓아 해결을 권고한다.

즉 권고, 조정, 중재가 주 업무이다. 만일 권익위의 권고를 공공기관이 수용하지 않는다 하여도 법적으로 강제할 수는 없다. 그러나 대부분의 공공기관들은 권익위 권고를 받아들여 정책과 제도를 개선한다.

권익위 업무는 대한민국에서 일어나는 모든 행정과 관련된 일이다. 정치, 경제, 사회, 교육, 문화, 건설, 산업, 인권, 복지, 지방행정, 일상적 삶 등 대한민국에서 발생하는 모든 사안에 걸쳐 있다. 권익위의 민원은 갈등과 다툼, 고충, 피해, 억울함, 부당함 등이 주요 원인이다. 그런 만큼 조정과 중재, 해결에 시간이 걸리고 법적 절차도 복잡하다.

하나의 사안을 풀기 위해 때로는 여러 개의 부처에 걸쳐진 복합민원이 대부분이다. 외교부, 국방부, 보훈처, 도지사, 시장 등 적어도 5개 기관이 모여야 해결이 가능하고, 많으면 10개 기관이 머리를 맞대야 해결을 할 수 있다. 많은 부처의 협조를 이끌어내야 민원을 해결할 수 있기에 국민권익위원장은 현장 소통 능력과 끈질김과 경청의 마인드, 중립성이 없으면 일을 처리하기 어렵다.

나는 2020년 6월 29일 위원장에 취임했다. 취임사에서

저는 그동안 변호사로서, 그리고 국회의원으로서 사회적 갈등 해결 및 사회적 약자에 대한 권익 보호 등 다양한 사회 현안들에 관심을 갖고 활동해왔습니다. 이러한 경험을 살려 국민권익 보호, 청렴한 사회 구현이라는 우리 위원회의 사명을 완수하기 위해 최선의 노력을 다하겠습니다… 그간의 다양한 반부패 개혁 성과에도 불구하고 아직 국민들은 변화와 개혁을 체감하지 못한다는 지적을 겸허히 받아들여야 합니다… 부패방지와 권익구제 업무를 관행적 자세로 사후에 해결하는 방식이 아니라 선행적이고 적극적으로 한발 앞서 미리 대응하는 방향으로 전환해야 합니다…. 반부패·공정개혁을 적극 추진하여 권익위가 명실공히 국가반부패 컨트롤타워가 되어야 합니다…. 국민들과 관계기관들과 적극적 협의와 소통으로 사회갈등과 집단 고충을 해결하는 데 정책역량을

집중하고, 책임감 있는 컨트롤타워 역할을 하여야 합니다… 어려움과 곤경에 처한 국민의 눈물을 현장에서 따뜻하게 닦아주는 국민권익위가 되기를 기대합니다.

라고 권익위원장으로서 일할 각오를 밝혔다. 그리고 권익위원장 임기 3년 동안 취임사에서 약속한대로 나는 국민들의 고충을 해결하기 위해 늘 현장에서 발로 뛰었다.

3년 후인 2023년 6월 27일 퇴임하면서 임명직 자리에서 물러났다. 문재인정부에서 2년을 일했고, 윤석열정부에서 1년을 일했다. 비록 윤석열정부에서 정치적 핍박을 받았으나 꿋꿋하게 국민들의 권익보호를 위해 내가 맡은 임무를 철저하게 처리해 나갔다. 압박을 받으면서도 3년 동안 국민과 국가를 위해 일한 나날들은 행복했다.

다음에 소개하는 일들은 국민권익위원장 3년 동안 수행했던 수백 개의 해결 사례 중 우리 사회에 중요한 영향을 끼친 일들을 정리해 보았다. 그중 큰 효과를 거둔 것도 있지만 여러 요인이 복잡하게 얽혀 실행으로 이어지지 못한 아쉬운 사안도 있다.

권익위원장 재직시 함께 하면서 불철주야 국민들에게 헌신한 권익위 직원들에게 격려를 보내면서 깊은 감사를 전한다.

공공의 복지와 행복을 위한

금단의 땅을
서울 시민에게 돌려주다

서울 도심 한가운데, 오랫동안 담장으로 막혀 있던 종로구 송현동松峴洞 땅은 역사적으로도 우여곡절이 많다. 조선이 개국하고 6년이 지난 1398년 제1차 왕자의 난 때 정도전鄭道傳이 이방원의 군사들에게 최후를 맞은 곳이다. 원래는 경복궁 앞의 숲이었기에 '소나무 언덕'이라는 뜻의 송현이라 일컬어졌다. 일제 치하에 조선식산은행朝鮮殖産銀行의 소유가 되었다가 광복 이후 미국 대사관 직원 사택이 들어섰다.

경복궁과 창덕궁 사이, 4m 높이 담장으로 둘러싸여 오랜 시간 사람들과 단절됐던 이곳은 넓이가 1만여 평(3만7117㎡)에 달한다. 100년 넘게 일반인들의 출입이 금지되었으며, 상업과 교통의 흐름에도 지장을 주었다. 그러다가 1997년에야 우리

정부에게 반환되었다. 거의 50년 만이었다. 이제 관심은 그 땅을 누가 소유하느냐?였다. 서울 중심부에 있는 1만 평은 매우 높은 가치가 있었다.

1997년 삼성생명이 관심을 보여 2006년에 매입했다. 첫 주인이 된 것이다. 그러나 땅에 관한 규제는 한두 가지가 아니었다. 고도제한, 건폐율 60% 이하, 용적률 200% 미만, 교육환경 보호에 관한 법률, 문화재 보존 영향 검토대상 구역, 대공對空 방어협조 구역 등 여러 가지였다.

삼성생명은 개발하기 쉽지 않다는 판단을 내리면서 2008년에 한진그룹(대한항공)이 새 주인이 되었다. 한진그룹은 송현동 부지에 한옥호텔을 짓겠다는 계획을 세웠지만 서울시 규제와 여러 법적 조건이 까다로워 무위로 끝났고 또다시 일반인 출입이 제한된 채 방치되어 왔다. 그 기간이 무려 24년이었다. 높은 담으로 둘러싸여 방치된 광화문 광장 인근의 금싸라기 땅을 두고 기괴한 소문이 나돌기도 했다. 군 정보기관이 민간인을 조사하는 곳이라는 엉터리 소문도 있었다.

서울시는 이 땅을 시민을 위한 공원으로 만들기를 원했고, 한진그룹은 민간 개발을 추진하기를 원했다. 공공과 사익의 관점이 해법을 찾지 못하는 상황에서 한진그룹은 코로나19 시기에 항공사가 부도 위기를 맞았고 마침내 송현동 부지에 대한 대책을 마련해 달라는 민원을 권익위에 제기하였다. 이처럼 송현동 땅은 시민을 위한 공원으로 조성할 것이냐, 기업의 이익을 위한 건물을 지을 것이냐를 놓고 갈등이 이어졌다. 공공성과 개발의 균형을 둘러싼 오랜 논란의 상징이었다.

그렇게 대한항공, 서울시, LH공사, 금융권 등 여러 기관의 복잡한 이해가 얽히면서 땅은 그대로 묵혀 있을 수밖에 없었다. 시민들과 언론의 비판도 거세졌다. 서울 4대문 금싸라기 땅에 높은 담장 안에 갇힌 금단의 땅이 방치된 것에 대한 비판도 계속되었다. 서울 한가운데 있으면서도 서울 시민의 공간이 되지 못한 채 경제 논리 속에 갇혀 있던 송현동 땅은 도시 갈등의 대표적인 현장이었다.

서울 시민에게 사랑받는 문화공간으로 거듭날 것

나는 이 문제를 '땅을 어떻게 누구에게 파느냐?'는 단순한 부지 매각이 아니라 '이 땅을 공공을 위해 어떻게 활용할 것인가?'라는 행정의 사명으로 인식했다. 대한한공은 서울시에 부지 매입을 요청했으나 서울시는 그 막대한 현금을 지급할 여력이 없었다. 권익위는 이 문제를 해결하기 위해 여러 가지 아이디어를 냈다. 그중 대한항공, 서울시, LH 간 3자 토지교환계약으로 하는 해결책을 제시했다.

권익위의 중재로 서울시, LH, 대한항공, 채권단 등 해당 기관들의 입장을 조율하며 수십 차례의 회의와 현장 조정을 진행

나는 국민들의 고충을 해결하기 위해 늘 현장에서 뛰었다.

했다. 그러나 각각의 의견 차이가 커서 협의를 이끌어내는 것은 무척 어려웠다. 나는 변호사와 국회의원의 경험을 살려 인내심을 가지고 협상 당사자들의 조정을 추진했다.

수개월의 논의와 협의를 거쳐 2021년 3월 협의안이 마련되었다. 권익위는 〈부패방지 및 국민권익위원회의 설치와 운영에 관한 법률〉 제45조에 따른 법적 조정 절차를 통해 대한항공의 신속한 매각, 서울시의 도시계획 절차 준수, LH공사의 주택공급 필요라는 세 가지 목표를 동시에 만족시키는 해법을 마련했다.

그 결과 제3자 매각 방식, 공정한 감정평가 절차, 단계적 대금 지급을 포함한 현실적이고 균형 잡힌 조정서가 완성되었다. 당사자 전원의 서명 후 전원위원회 최종 확인을 통해 법적 효력을 갖게 되었다. 모든 언론에서도 이 소식을 전했다.

110년 '있지만 없었던 땅'…송현동 부지 시민에게 돌려준다

--- 오랜 시간 도시와 단절됐던 서울 종로구 송현동의 대규모 공터가 올해 하반기 개방된다. '이건희 기증관'이 들어설 이 부지는 도심 녹지로 조성돼 110년 만에 시민 공간이 될 예정이다. 서울시는 송현동 부지의 하반기 임시 개방을 앞두고 29일 담장 철거 작업에 들어갔다고 밝혔다. 이로써 일제강점기 역사와 개발 문제 등으로 닫혀 있었던 3만7117㎡의 규모의 '금단의 땅'이 모습을 드러나게 됐다. --- 특히 시설물 설치는 최소화해 도심에 부족한 녹지축으로 만든다는 구상이다.

— 〈경향신문〉 2022년 4월 29일

이로써 서울시는 송현동 부지를 찾아 서울 시민들에게 돌려주게 되었고, 대한항공은 부지를 매각하여 유동성을 확보하게 되어 부도위기를 벗어났다. LH는 서울의 알짜배기 지역인 강남 삼성동에 아파트 건설을 위한 부지를 확보했다. 3자 모두

웃게 한 성공적 협상이었다.

이후 송현동 땅은 역사문화공원으로 조성되어 시민에게 개방되었다. 담장이 헐리고 넓은 땅이 드러난 모습을 본 시민들은 기쁨의 환호성을 올렸다. 이 기쁨은 도시 속 잃어버린 공공성을 되찾는 의미 있는 첫걸음이 되었다. 앞으로 서울 시민에게 가장 사랑받는 복합 문화공간으로 거듭날 것이다.

개발이 아닌 시민의 행복이 행정의 목적임을 보여준 이 합의는, 권익위가 추구해온 '공정한 조정과 지속가능한 사회적 합의'의 모범 사례로 기록된다. 폐쇄와 갈등의 상징이던 송현동이 '열린 서울'의 상징으로 바뀌는 날, 행정의 진정한 역할은 국민의 삶 속에서 빛을 발하게 될 것이다.

70년 동안 무주지로 방치됐던
양구 해안면의 한을 풀다

강원도 양구군楊口郡 해안면亥安面은 일명 '펀치볼'이라는 이름으로 유명하다. 강원도에서 군 생활을 한 사람들은 이 지명을 잘 알고 있다. 한국전쟁이 치열할 때 미국 종군기자가 해발 400~500m의 분지를 보고 화채그릇Punch Bowl을 닮았다 하여 붙여진 이름이다. 지금은 시래기와 DMZ 생태관광으로 널리 알려져 있으며 관광객들의 발길이 이어지고 있는 곳이다.

그러나 이곳은 전쟁의 처참하고 슬픈 사연을 간직한 곳이다. 광복이 되었을 때 한반도는 38선에 의해 남북으로 분리되었는데 양구군은 북한 영토가 되었다. 한국전쟁 막바지에 이곳에서 전투가 치열하게 벌어지면서 해안면 주민들 대부분이 일단 가까운 북한으로 피난을 갔다. 그들이 떠나간 290만 평의 땅은 1951년 국군이 수복하여 대한민국 영토가 되었다.

그러나 안타깝게도 북한으로 피난을 떠난 해안면의 원래의 땅 주인들은 돌아오지 못했다. 주인을 잃은 땅은 이후 방치되어 농사를 지을 사람조차 없어 황폐화되었다. 그럼에도 인근 마을의 사람들은 함부로 남의 땅에 농사를 지을 수 없어 그냥 무경지無耕地가 되어갔다.

정부는 황폐화된 이 지역을 정상화하기 위해 1956년(이승만 정부), 1972년(박정희 정부) 두 차례에 걸쳐 누구라도 이곳으로 이주하여 10년 이상 경작(농사)을 하면 무주지의 소유권을 주겠다고 약속했다. 그리하여 많은 사람들이 해안면으로 이사하여 척박한 환경을 이겨내면서 농사를 지었다. 그러나 북으로 떠난 원소유주들의 소유권이 헌법과 법적으로 그대로 남아 있기에 정부 약속은 지켜지지 못하는 공염불이 되었다. 통일이 되면 원소유주(혹은 그의 자손)가 땅을 돌려달라고 요구하면 심각한 법적 다툼이 발생할 수 있기 때문이었다.

어쩔 수 없이 이곳은 70년 동안 '주인 없는 땅'으로 방치되었고, 경작권을 사고팔거나 전대(轉貸: 빌린 것을 다른 사람에게 다시 빌려주는 것)가 횡행했다. 자신의 이름으로 등기된 땅이 아님에도 사고파는 행위가 불법적으로 계속된 것이다. 그러면서 대부료貸付料의 형평성 논란이 이어지는 등 사실상 무법지대에 가까운 동네가 되었다. 수십만 평을 몇몇 개인이 점유해 이익을 챙기는 불법행위가 만연했고, 지뢰가 묻힌 곳까지 경작지가 넓어지고 있었다. 이러한 여러 고충이 해결되지 않자 주민들은 국민권익위에 고충 민원 해결을 요청했다.

이 땅을 지켜온 사람들이 땅의 진정한 주인

권익위는 이 사안을 단순한 토지 분쟁이 아니라 '국가가 해결해야 할 역사적 과제'로 규정했다. 법무부·기획재정부·국방부·국토교통부 등 7개 부처와 조달청, 자산관리공사, 국토정보공사, 양구군 등 소유권 이전과 관련된 관계기관을 모두 참여시켜 범정부 TF를 구성했다.

나는 권익위원장으로서 이 사안을 조속히 해결하기 위해 여러 차례 현장을 방문하고 관계기관과 협의를 진행했다. 2020년 8월에 소유권 이전을 위한 세부 절차를 정하는 현장 조정회의를 진행했다. 현장 방문과 주민 설명회를 열어 주민과 정부 간의 신뢰 회복에 나섰고, 전문가 자문을 거쳐 핵심 해법을 도출했다.

해당 토지를 국유화하되, 경작자에게 우선 매각하여 사실상의 소유권을 인정하는 것이다. 이후 그 대금을 별도 기금으로 적립해 북한으로 피난을 떠난 원소유주(혹은 그 자손)가 향후 소유권을 주장할 경우에 대비하도록 했다. 이는 현재의 경작자와 미래에 발생할 수 있는 소유주를 모두 고려한 '균형 있는 상생 조정'이었다.

또한 〈수복지역 내 소유자 미복구 토지의 복구등록과 보존 등기 등에 관한 특별조치법〉을 제정하여 법적 근거를 완비했다. 70년 묵은 문제가 제도적으로 해결되는 전환점을 맞은 것이다. 경작자들은 마침내 자신이 일군 땅을 법적으로 소유할 수 있게 되었다. 권익위는 이에 더해 해안면의 도로·생활·농지 기반을 개선하고, 생활 여건을 종합적으로 지원하는 후속 대책까지 마련했다.

이후 양구군은 2024년 12월에 해안면 국유지에 대한 첫 매매계약이 이루어졌다. 이는 해안면 주민들이 70년 만에 처음으로 재산권을 행사할 수 있게 되었다는 뜻이다. 오랜 세월 힘들게 땅을 가꾸어온 주민들에게 정부가 내건 약속이 70년 만에 지켜진 것이다. 매우 늦게 지켜진 약속이지만 권익위의 노력으로 이루어진 것에 큰 보람을 느꼈다.

이 사안은 단순히 토지를 사고파는 것이 아니었다. 전쟁의 상처 위에 세워진 한 세대의 삶을 제도적으로 인정한 역사적 화해이자 복권復權이었다. 나는 펀치볼의 문제 해결을 위한 현장조정에서 "이 땅을 지켜온 사람들이야말로 진정한 주인"이라고 선언했으며, 펀치볼을 지켜온 주민들의 꿈은 70년의 기다림 끝에 현실이 되었다.

한산도·비진도·소매물도
주민들의 숙원을 풀다

경남 통영의 한산도, 비진도, 소매물도는 매년 70만 명이 찾는 아름다운 섬이다. 한산도閑山島는 임진왜란이라는 역사적 가치가 큰 섬으로 매년 수십만 명의 학생, 학자, 관광객이 방문한다. 비진도比珍島는 모래해변과 몽돌해변이 유명한 섬이며, 소매물도小每勿島는 풍화와 침식이 만든 해안절벽이 아름답다.

그러나 2019년 들어 주민들과 관광객은 이 섬들에 가기 위해 큰 불편을 겪어야 했다. 햇빛과 비바람을 피할 곳조차 없는 곳에서 여객선을 기다려야 했기 때문이다. 시골의 작은 버스 터미널에도 잘 만들어진 승객 대기실과 편의시설들이 있는데 수십만 명이 오가는 여객선 터미널이 제 역할을 하지 못한다는 것은 기이한 현상이었다.

2019년 11월 해양수산부는 약 22억 원을 들여 통영 서호동에 새로운 여객선 터미널을 완공했다. 적지 않은 돈을 들여 현대식의 멋진 터미널을 지은 것이다. 많은 사람들의 기대속에 터미널이 완공되었으나 정작 운영은 되지 못했다. 관리권을 누가 갖느냐는 문제로 관계기관들은 갈등을 빚었고 예산·인력 부족, 태풍 피해 등으로 인해 1년 넘게 사람들의 출입이 금지된 채 방지되었다. 이순신 장군의 제승당制勝堂 유적을 찾는 관광객, 학교와 병원을 오가는 주민들 모두 여객터미널 이용을 못한 채 불편과 위험을 겪으며 마냥 기다려야만 했다.

육지와 섬, 섬과 섬을 연결하는 도서島嶼 개발이 전국 곳곳에서 성과를 거두고 있던 시기에 통영 터미널은 완공을 해놓고도 기관들의 갈등으로 사용조차 못하고 있었던 것이다. 그 피해는 당연히 주민들에게 고스란히 돌아갔다. 누가 잘못했는지를 따지기 이전에 행정이 국민의 삶에 얼마나 큰 영향을 미칠 수 있는지를 보여주는 대표적 사례였다.

나는 이러한 상황을 방치할 수 없었다. 게다가 내 고향 통영에서 제기한 민원이었다. 여객선 터미널이 제대로 운영되게 해달라는 지역 주민들의 집단민원이 들어오자 나는 즉각 통영으로 내려가 현장을 조사했다.

서호동 터미널은 바다와 서호시장을 앞에 두고 세워진 2층의 멋진 건물이었다. 이러한 터미널이 1년 넘게 운영되지 못하

정치란, 행정이란.
결국 사람을 만나는 일이다.
하소연을 듣고, 하소연을 하는 일이다.
미루지 않고, 그런 일을 할 때만 성과가 있다.

고 있다는 사실을 이해할 수 없었다. 나는 주민들의 고충을 호소하는 목소리와 터미널 운영사의 의견을 들은 뒤 해결책을 찾아나갔다.

섬 주민들의 생활 편의와 관광객 이동을 크게 개선시켜

문제의 핵심은 '관리권을 누가 갖느냐?'였다. 마산지방해양수산청은 터미널 관리사무를 통영시에 위임해야 한다고 주장했고, 통영시는 소유권을 넘겨야 관리하겠다고 맞선 것이었다. 이 문제가 해결되지 않아 애꿎은 주민들과 관광객들이 피해를 보고 있었다.

나는 두 기관을 오가며 여러 차례의 중재를 거쳐 2021년 5월, 통영시와 마산지방해양수산청, 여객사, 주민 대표들을 모아 합의를 추진해나갔다. 권익위는 각 기관과 주민들의 의견을 모두 취합한 후 통영시청에서 열린 현장조정회의에서 최종 합의를 끌어냈다.

마산지방해양수산청은 여객선터미널 관리 사무를 통영시에 위임하고, 안전관리를 위한 보험 가입과 정기 안전진단을 실시하기로 했다. 통영시는 2021년 6월부터 터미널을 정상 운영하며, 바지선 피항 비용을 해양수산청과 절반씩 부담하고, 향후 시설관리계획을 세울 때 주민과 여객사가 함께 참여하는 협의체를 구성하기로 했다.

이 조정으로 한산도의 제승당·비진도·소매물도 여객선터미널이 본격적으로 문을 열었다. 세 곳은 연간 70만 명이 배편을 이용해 왕래하는 섬이다. 터미널의 정상적 운영으로 지역 주민들의 생활 편의와 관광객의 이동이 크게 개선된 것은 두말할 나위도 없다.

그동안 통영 여객선터미널을 처음 방문했던 사람들은 해안가에 현대적 터미널이 버젓이 지어졌음에도 운영하지 않는 모습을 보면서 의아함을 품었다. 22억 원이나 들여 지어진 터미널이 방치되고 있는 모습은 누구나 눈살을 찌푸리게 하고, 관련 기관들은 자신의 역할을 다하지 못하고 있다고 비난하게 된다. 가장 심각한 것은 지역 주민들은 물론 국민들에게 큰 불편을 안겨주고 있었다는 점이었다.

권익위는 여러 차례의 조정을 거쳐 관계기관들 간의 갈등을 풀고 중재하여 해결점으로 이끌었다. 권익위의 중재는 행정 절차의 조율을 넘어 지역의 목소리를 직접 듣고 반영한 생생한 참여행정의 모범이 되었다.

동해안 철조망

아름다운 동해안을
국민 품으로

강원도 일대의 동쪽 해안선은 깨끗한 바다와 아름다운 경관을 자랑한다. 자동차로 휴전선 아래에서부터 해안을 따라 남쪽으로 내려오는 여행을 하는 사람들도 많다. 그들은 맑고 아름다운 동해바다를 보면서 낭만적인 여행을 하는 것이다.

하지만 갑자기 더 이상 전진할 수 없는 곳이 나타난다. 그곳에는 '민간인 출입금지'라는 안내판 혹은 팻말이 붙어 있다. 군사작전에 의거해 민간인의 출입이 금지된 곳이다. 어쩔 수 없이 차를 돌려 나와야 한다.

그런데 그 출입제한 지역을 보면 이해하기 어려운 모습이다. 작전상 필요 없는 초소와 녹슨 철조망이 그대로 방치되어 있기 때문이다. 초소와 철조망은 오랜 세월을 지나오면서 제

권익위의 권고로 동해안 철조망은 지속적으로 철거되고 있다.

모습을 거의 상실했다. 사실 누구라도 마음만 먹으면 그 철조망을 끊어낼 수 있지만 불법이라는 것을 알기 때문에 그렇게 하지는 않는다. '왜 민간인의 출입을 막는 것이지?' 의구심이 드는 것은 당연하다. 군사작전에도 필요 없으면서 사람의 출입마저 제한하는 모순이 발생하는 것이다.

이는 관광지 훼손과 주민 안전 저해, 범죄 우려 등 다양한 사회적 문제를 일으키고 있었다. 가장 큰 피해를 입는 사람들은 그곳에 사는 주민들이었다. 관광객들을 끌어들일 수 있음에도 그렇게 하지 못하기 때문에 경제적으로 적지 않은 손해를 보고 있었다. 국가안보의 상징이던 군 시설들이 세월이 흐르면서 지역의 짐으로 변해버린 현실은 지역 주민들에게 오랜 상처이자 불편으로 남아 있었다.

그렇기에 "군사시설물이 설치된 토지를 돌려달라"는 민원은 정부의 여러 기관에 오래전부터 계속되어 왔다. 특히 권익위에 들어오는 민원이 많았다. 이에 따라 권익위는 8천km에 달하는 해안선에 대한 실태조사를 벌였고 〈유휴 국방·군사시설 정리·개선 방안〉을 마련해 국방부에 개선을 권고했다.

군이 군사시설을 계속 사용한다면 토지를 매입하거나 임차 계약을 맺고, 계속 사용하지 않는다면 시설을 철거하는 등 원상 회복시켜 토지주에게 반환하도록 했다. 사용하지 않는 군사시설이 지역 발전을 가로막고 자연경관을 훼손하고 있으므로 불필요한 군사시설을 철거하라고 권고한 것이다.

권익위원장 취임 이후 2022년 2월에 나는 권익위 권고대로 동해안 철조망이 실제 철거되고 있는지를 살펴보고 관계기관과 지속적인 협의를 추진했다. 강원도, 제8군단, 강릉시, 삼척시, 양양군, 고성군 등과 함께 현장 조사를 하고, 방치된 군사시설의 위치와 규모를 살펴 활용 가능성을 면밀히 파악했다.

바다를 되찾아 지역관광과 해양경제 활성화로 이끌어

그 결과 강원도 내에 있는 미사용 초소 3,199개소와 해안철조망 약 17km가 철거되었다. 국방부는 사용하지 않는 병영생활관과 관사, 사무실, 진지, 초소 등 군사시설 8,299개소를 철거했다.

그 과정에서 군 당국과 지자체 간의 협력이 긴밀해졌다. 감시장비 운영과 해안 철거 업무가 일원화되는 효과도 거두었다.

갈 길 먼 동해안 철조망 철거…완전 철거 언제쯤?

탁 트인 해변과 소나무 숲이 철조망에 가려져 있습니다. 군 경계 철조망이 경관을 지나치게 해친다는 지적에 따라 최소한의 안보 구역을 제외한 철책은 10년 전부터 단계적으로 철거되고 있습니다. 국비 108억여 원도 확보했습니다. 국비는 마련됐지만, 올해 안에 동해안 철책 철거는 완료되기 힘들 것으로 보입니다. 동해안 6개 시군에 남은 약 27km 가운데 올해는 15% 정도만 철거될 것으로 보입니다.

—〈KBS 뉴스〉 2018년 4월 2일

동해안 철조망 철거는 2017년부터 진행되었으나 그 진척 상황이 매우 느렸었다. 당시 언론들은 '지지부진'으로 표현할 정도였다. '동해안 철책 철거 절반만 승인 지지부진- 국민일보', '軍 철책에 막힌 동해안…10년간 25%만 - YTN' 등 불만이 노출되었다. TV 뉴스에서도 이 사실을 여러 차례 보도했다.

나는 권익위원장 취임 이래 동해안 현장 방문 후 철조망 철거가 미진한 현황을 확인하고 실효성 있고 신속한 철거가 되도록 관계기관과 적극 협의하여 소기의 성과를 거두었다.

동해안의 녹슨 철조망을 철거하는 것은 국토방위의 신성한 임무를 훼손하는 것이 아니다. 뛰어난 장비로 국토를 더욱 철저하게 수호하면서 국민들에게 아름다운 강산을 되돌려주는 작업이다. 강원도 고성에서부터 부산 다대포까지 요소요소에 설치된 철책을 거두어 아름다운 바다의 모습을 되찾게 했다.

수십 년 동안 접근이 제한되었던 아름다운 바다가 권익위의 노력으로 다시 국민의 품으로 돌아왔다. 멋진 해송海松들이 펼쳐진 바다가 갑자기 녹슨 철조망으로 가로막혀 있던 '접근금지'를 풀어낸 것이다. 바다를 되찾은 주민들은 지역관광과 해양경제 활성화의 새로운 전기를 맞았고, 폐초소 일부는 문화·전망 시설로 재탄생했다.

'동해안 철조망 철거 이후 관광객 크게 늘어'라는 기사는 많은 언론을 장식했으며 지역 주민들의 소득도 향상되었다. 또한 해안경계 철책의 폐철조망을 관광기념품으로 만들어 판매하는 아이디어도 실행되었다.

동해안 철조망 철거 권고 조치와 국방부의 전격적 협조로 이뤄낸 행정협력의 대표적 사례이다. 이는 단순한 행정조치가 아니라 '닫힌 국토를 여는 개혁'이 되었다. 불필요한 규제와 구조물을 걷어내 국민이 누릴 수 있는 공간과 자유를 회복시켰다. 이는 협치행정으로 국가안보와 국민의 삶이 조화롭게 공존할 수 있다는 것을 보여준 모범 사례로 평가된다.

지역 갈등으로 확대된
가축분뇨시설 해결

농가에서 서너 마리의 닭을 키우거나 한두 마리의 소를 키우는 것은 이웃과 동네에게 큰 불편을 초래하지 않지만 그 숫자가 많아지면 여러 문제가 발생한다. 가장 큰 문제는 분뇨의 처리이다. 분뇨의 문제 중 큰 피해를 주는 것은 악취와 해충이다. 그래서 돼지, 소, 젖소, 말, 닭·오리 등을 대규모로 키울 때는 반드시 가축분뇨처리 시설을 지어야 한다. 이는 법으로 엄격하게 규정되어 있다.

2007년부터 시행된 〈가축분뇨의 관리 및 이용에 관한 법률〉의 제1조(목적)에서는 "가축분뇨를 자원화하거나 적정하게 처리하여 환경오염을 방지함으로써 환경과 조화되는 지속가능한 축산업의 발전 및 국민건강의 향상에 이바지함을 목적으로 한다.”고 규정되어 있다. 이 법에 의하면, 가축분뇨는 “가축이 배설하는 분糞, 요尿 및 가축사육 과정에서 사용된 물 등이 분·요에 섞인 것”이다.

가축을 대량으로 기르는 사람은 법에 따라 ‘정화시설淨化施設’을 지어야 한다. 하지만 분뇨처리 시설을 짓는 것은 인근 주민 등의 반대 등 애로사항이 적지 않아 갈등을 불러 일으킨다.

충북 음성군과 경기 이천시의 갈등도 그중 하나였다. 주민들의 반대로 5년간 표류하던 가축분뇨공공처리 시설은 대표적인 지역 갈등 사례로 떠올랐다. 충북 음성군은 가축분뇨 처리 시설이 없어 매년 막대한 비용을 들여 다른 지자체에 위탁처리해 왔다. 이를 해결하기 위해 2019년 감곡면 원당리元堂里에 친환경 처리시설을 짓기로 결정했다.

그러나 그 땅이 경기도 이천시 율면 총곡리叢谷里 마을과 불과 250m 떨어져 있다는 이유로 총곡리 주민들은 심각한 악취를 우려하며 강력히 반대했다. 반대 시위에 그치지 않고 청와대와 감사원, 환경부 등 10여 기관에 진정서를 내며 시설을 짓지 말 것을 요구했다. 반면 원당리 주민들과 한돈협회는 계획에 따라 빨리 지으라고 촉구했다. 이렇게 갈등은 두 마을을 넘어 충청북도와 경기도의 대립으로 확산되었다.

제3자 입장에서 보면 ‘분뇨처리시설을 지어야 한다’는 원당리 주민들의 주장도 옳고, ‘심한 악취가 풍겨 생활에 큰 고충을 준다'는 총곡리 주민들의 주장도 옳다. 솔로몬의 지혜가 필요하지만 그런 지혜와 해결책이 하루아침에 뚝딱 만들어지지는 않는다. 수많은 사람들의 의견을 모두 들어야 하고, 현장조사를 면밀히 해야 하며, 미래의 영향도 분석해야 한다.

대화와 신뢰로 해결된 가축분뇨처리 시설

원당리와 총곡리의 갈등은 여러 언론에서 다룰 만큼 큰 관심을 불러일으켰다. '음성군 원당리 – 이천시 총곡리 공공처리시설 설치 진통', '가축분뇨처리시설 – 맞닿은 지역 간 갈등', '음성군 분뇨처리시설 지역 갈등…이천 주민 "백지화하라"'…. 제목만 보아도 두 지역이 충돌을 빚고 있다는 것을 알 수 있었다. 이 갈등의 해법이 향후 가축분뇨처리 시설에 대한 방향타가 될 수 있다는 점에서도 관심을 끌었다.

권익위는 우선적으로 해결에 주안점을 두지 않고 중재와 조정에 역점을 두었다. 아무런 선입견이나 편견 없이 두 지역을 차례로 방문해 주민들의 의견을 객관적으로 들었다. 이 사안은 서로의 주장이 너무 강경하기 때문에 곧바로 해결책을 만들어낼 수는 없었다.

서로가 양보하기 쉽지 않은 사안이었다. 권익위는 16차례의 조사와 여러 차례의 협의 끝에 결국 조정을 이루어냈다. 관계기관과 함께 주민 의견을 직접 듣고, 시설 면적 확대

(250m→320m), 처리용량 축소(130톤→95톤), 단독정화방류에서 무방류 자원화로의 기술 변경 등 개선 방안을 마련했다.

또한 환경부·원주지방환경청·이천시·음성군 등 관계기관을 한자리에 모아 '공동책임과 상생협력'이라는 원칙 아래 조정안을 최종 확정했다. 처리시설을 짓는 음성군은 자동악취측정기와 전광판 설치, 친환경 건축·조경계획 수립 등 실질적인 환경 보호 대책을 약속했다. 양측 주민대표와 음성군·이천시가 참여하는 상생협의체를 만들어 시설 준공 후 5년간 공동 운영하기로 했다.

이 합의는 단순한 시설 설치를 넘어 공공 갈등 해결의 새로운 모델을 제시했다. 권익위의 조정으로 경기도와 충청북도, 이천시와 음성군은 향후 도 경계에 기피 시설을 설치할 때 반드시 사전 협의를 거치기로 합의하면서 예방 장치까지 마련했다.

갈등과 불신의 상징이던 '총곡리 – 감곡면 분뇨시설 문제'는 대화와 신뢰로 해결되었고, 이는 지역 간 협력의 가능성을 보여주는 모범 사례로 기록되었다. 권익위가 보여준 이 조정은 행정이 단순히 판단하는 기관이 아니라, 국민의 삶 한가운데에서 갈등을 풀어내는 조정자이자 신뢰의 가교가 될 수 있음을 증명한 뜻깊은 성과였다.

생태계를 회복하기 위한
구체적인 발걸음

용담龍潭댐은 금강錦江 상류에 있는 댐으로 전북 진안군 용담면 월계리에 있다. 넓이가 31.4km²에 달해 우리나라에서 저수량이 5번째로 많다. 1990년에 착공하여 2001년에 준공된 다목적댐으로 익산·김제·군산·정읍·전주 지역의 호남평야에 농업용수를, 군산·장항 산업단지에 생활, 공업, 농업용수를 공급하고 있다. 주요 시설로는 21.9km의 도수터널(導水 tunnel : 물이 일정한 방향으로 흐르게 하기 위하여 산을 뚫어 만든 물길)과 완주군 고산면에 유역변경식 수력발전소가 있다.

이처럼 중요한 역할을 하는 댐이지만 이 댐으로 인해 고통받고 있는 사람들도 적지 않다. 댐 하류 지역에 거주하는 무주茂朱군 주민들이다. 용담댐은 2001년 준공 이후 관계기관에 의

용담댐은 환경 분쟁의 해결을 넘어 상생의 해법을 만들어냈다.

해 2014년부터 하류 하천의 환경조사, 수생태계 조사, 플러싱 방류 등의 조치를 해왔다. 플러싱flushing은 댐이나 보의 수문을 열어 대량의 물을 흘려보내 수질을 개선시키는 방법이다.

그러나 이러한 여러 조치에도 무주 주민들은 용담댐으로 인한 녹조현상과 악취 등 환경 피해가 발생하고 있다고 고충을 하소연해왔다. 녹조綠潮는 강이나 호수에 남조류가 과도하게 성장해 물이 짙은 녹색으로 변하는 현상이다. 당연히 마시는 물에 나쁜 영향을 끼친다.

무주 주민들은 "용담댐 방류로 인한 진흙과 부유물질이 하류로 쌓여 녹조가 발생해 수질이 악화되고 악취가 발생한다"

고 호소했다. 이 기간이 20년이 넘었으므로 무주 주민들의 불편이 오랫동안 누적된 것은 부정할 수 없었다.

용담댐의 역사는 일제 치하인 1939년부터 시작되었으며 1989년에 댐 건설이 본격화되자 주민들의 반대가 거세졌다. 그럼에도 공사가 강행되어 진안군의 용담면·안천면·상전면·정천면·주천면과 진안읍 등 6개 읍·면의 63개 마을이 수몰되었다. 2001년에 다목적댐으로 완공되었으나 그 과정에서 주민 반대가 거세게 일어났던 곳이다. 이처럼 역사의 아픔을 간직한 댐이었는데 하류 지역에 사는 주민들이 피해를 입는 상황이 또 나타난 것이다.

환경 분쟁의 해결을 넘어 정부와 주민이 이룩한 상생 해법

무주군 주민 13,198명은 2021년 12월 "용담댐 방류로 인한 하류 지역 수질 및 수생태계 환경영향 조사를 실시해 종합적인 개선 대책을 마련해 달라"라며 권익위에 집단민원을 제기했다. 나는 이 문제의 해결을 위해 곧 현장으로 달려갔다. 그리하여 20여 년 넘게 이어져온 용담댐 하류 지역의 피해 논란이 마침내 해결의 전기를 맞았다.

무주군 주민들의 민원이 제기되기 전인 2020년 8월에 집중호우가 내렸을 때 용담댐 하류지역은 큰 피해를 입은 곳이었다.

"용담댐 수해, 홍수 관리·정비 미비 탓"

2020년 8월 기록적인 집중호우로 용담댐·대청댐 하류 53개 지구 등 158개 지구에서 피해가 발생했다. 댐 유역에 많은 비가 내렸던 용담댐은 예년보다 수위를 10.9m 높게 유지하면서 홍수 피해가 더 커진 것으로 확인됐다. 여기에 기후변화 영향을 반영하지 못한 낡은 댐 관리규정, 계획방류량 등의 문제도 복합적으로 작용했다.

―〈충청타임즈〉 2021년 8월 3일

이처럼 용담댐은 개선이 시급한 과제였다. 나는 권익위가 여러 차례의 현장 조사와 관계기관 협의 등을 거쳐 주민들의 의견을 수렴한 결과를 해법으로 도출하였다. 그리고 주민대표와 전북지방환경청, 한국수자원공사, 금강유역환경청, 무주군 모두가 수용할 수 있는 조정안을 마련했다.

2022년 10월, 주민들과 관계기관 모두가 참석한 현장조정회의를 권익위원장 주재로 개최하였고 녹조와 악취로 고통받던 하류 주민들의 오랜 고충을 해소하기 위한 종합 대책에 합의했다.

전북지방환경청과 한국수자원공사는 하천 유지 용량을 확대하고, 녹조 개선을 위한 플러싱 방류를 정례적으로 실시하기로 했다. 또한 퇴적토 제거와 하천 정비사업을 병행 추진하며, 댐 지원비용을 활용해 하류 지역의 환경 복원을 단계적으로 추진하기로 했다. 이로써 환경 오염의 근본 원인을 줄이고, 하천 생태계를 회복하기 위한 구체적인 계획이 마련되었다.

장기적으로는 용담댐 하류 지역 주민과 정부·지자체·공공 기관이 참여하는 상시 협의체를 구성해 지속적인 소통과 모니 터링 체계를 운영하기로 했다. 또한 하천의 수질 및 수생태계 개선을 과학적으로 도출하기 위한 용역도 추진하기로 했다.

조정안이 마련된 후 나는 "권익위의 조정은 환경 분쟁의 해 결을 넘어 정부와 주민이 협력해 상생의 해법을 만들어낸 의미 있는 사례입니다. 용담댐 하류 지역이 다시 맑은 물과 깨끗한 생태 환경을 되찾을 수 있도록 관계기관이 끝까지 책임 있게 이행하길 바랍니다"라고 당부했다.

하나의 시설물은 여러 지역에 큰 장점이 되지만 한 지역에 뜻하지 않은 피해를 입힐 수 있다. 그 피해를 최소화하여 모두 가 행복한 삶을 누릴 수 있게 해주는 것이 권익위의 임무이다. 용담댐 사례는 그 임무를 최선으로 완수한 일이라 할 수 있다.

안전하고 공정한 사회를 만들어가는

| **특수학교 용적률** | 발달장애 학생들의 교육 공간 확보

| **통학로 개선** | 전국 2,273학교 아이들에게 안전한 길을 선물

| **지하차도 침수** | 폭우 속에서 생명을 잃는 일은 없어야 한다

| **하천과 해양 보호** | 5대강과 하천의 오염을 막기 위해

| **가로수 정비** | 전국의 무성한 가로수를 정비해 교통 안전 확보

| **그리스군 참전기념비** | 그리스군 참전비 50년 만에 시민 곁으로 돌아오다

발달장애 학생들의
교육 공간 확보

발달장애 학생들의 배움터로 40년 가까이 유지되어온 A특수학교가 있었다. 2019년 그 학교가 포함되어 있는 동네가 공공주택지구로 선정되어 개발사업이 추진되었다. A학교는 시민 1만5천 명의 서명과 시의회의 건의가 받아들여져 2021년 8월 어렵게 존치가 결정되었다. '어렵게'라는 단어에서 알 수 있듯이 특수학교는 반드시 필요하지만 환영을 받지는 못하는 것이 안타까운 현실이다.

특수학교特殊學校는 신체, 지능에 장애가 있는 아동 및 청소년에게 특별한 교육을 하는 학교이다. 일반적으로 시각 장애 특수학교, 청각 장애 특수학교, 지체 장애 특수학교, 지적·발달·자폐성 장애 특수학교, 종합형 특수학교 등으로 구분한다. 전국에 200여 학교가 있는 것으로 집계되며. 학생 수는 약 10만 명(2023년 기준)으로 추산된다. 우리가 잘 아는 것처럼 특수학교의 설립과 운영, 이전은 항상 주민 반대에 부딪친다.

다행히 A학교는 주민의 반대를 이겨내고 학생들의 교육을 계속할 수 있게 되었으나 다른 문제가 생겼다. 다른 학교들보다 현저히 낮은 용적률 때문에 증축조차 하지 못하는 불합리한 처지에 놓인 것이다. 도시공사는 〈공공주택 업무처리지침〉의 규정 중 하나인 "존치 당시의 건축밀도를 그대로 유지한다"는 지침을 이유로 용적률을 130% 이하로 제한했다.

반면 똑같은 지구 내에 있는 다른 학교는 200% 이하의 용적률을 적용받았다. 즉 특수학교라는 이유로 규정을 내세워 과도한 제약을 받는 불평등이 발생한 것이다.

교육부는 A학교의 직업교육실(287㎡) 증축을 위해 특별교부금 5억5,900만 원을 지원했으나 용적률 제한으로 증축하지 못할 위기에 처했다. 5억 원이 아예 쓸모없어져 다시 반납해야 할 황당한 상황에 처한 것이다. A학교는 이 문제를 해결하기 위해 2023년 권익위에 도움을 요청했다.

나는 이 사안을 건축 기준 문제가 아니라 '교육의 형평성과 발달장애 학생의 학습권'이 달린 중요한 사안으로 판단했다. 일반적인 학교는 비율을 높여주고, 발달장애 학교는 비율을 높여주지 못한다는 기준은 잘못된 것이었다. 즉각 관계기관 협의와 현장 검토를 거쳐 도시공사에 용적률을 높여줄 것을 권고했다.

권익위는 22개 학교가 모두 200% 이하 용적률을 적용받는 현실을 감안할 때, 똑같은 기준을 적용하는 것이 형평과 공공성의 원칙에 맞는다고 밝혔다. 학교는 오직 학교일 뿐 그 앞에 어떠한 수식어가 붙는다 하여 그 학교를 차별적으로 대하는 것은 잘못이었다. 또한 특수학교는 발달장애 학생의 자립을 지원하는 공익적 기관으로, 직업훈련실과 체험 교육시설 확충이 절실하다는 점을 강조했다.

특수학교의 시설 개선을 통해 더 좋은 교육을 받을 수 있도록

특수학교는 반드시 있어야 한다. 이는 당연한 요구이고 권리이다. 그러나 어느 지역이든 기피하는 분위기 때문에 학교 부지를 확보하기 어렵다. 행정기관은 이러한 현실적 여건을 고려해 현재 운영 중인 특수학교가 시설 개선을 통해 불편 없이 교육을 할 수 있도록 섬세한 지원을 해야 한다.

도시공사는 권익위의 권고를 수용하여 용적률을 200% 이하로 상향하기로 했다. 이 결정으로 A특수학교는 교육부의 5억 원을 반납하지 않고, 오랜 숙원이었던 직업교육실을 증축할 수 있게 되었다. 나는 "개발 논리보다 교육의 가치가 우선되어야 한다"는 원칙을 다시 확인하면서 공공개발 과정에서 소외되기 쉬운 교육시설과 사회적 약자의 권익을 지키는 역할을 강화하겠다고 밝혔다.

특수학교의 학생 모두는 국민의 한 사람으로서 교육을 받을 의무가 있고 권리가 있다. 보통의 학생들보다 우리가 더 관심을 기울이고 지원해야 하는 것은 당연하다. 법 규정만 내세운다면 보호받아야 할 사람들이 소외되는 경우가 발생한다. 권익위는 법을 훼손하지 않으면서 특수학교 학생들이 충분한 교육을 받아 국민으로서의 삶을 누리게 하도록 지원했다.

만일 A학교가 증축률 제한을 받고도 권익위에 문제를 제기하지 않고 도시공사의 지침을 그대로 따랐다면 학생들의 수업에 적지 않은 차질이 있었을 것이다. 제대로 된 실습교육을 받지 못해 반쪽짜리 수업이 되었을지도 모른다. 또한 권익위가 이 민원을 받고 "그 사항은 법에 규정되어 있으므로 그대로 지켜야 합니다"라고 답을 보냈다면 학생들의 교육권리가 침해되는 결과를 낳았을 것이다.

교육 현장에서 닥친 고충을 권익위에서 해결해 줄 것을 요청한 것은 현명한 판단이었으며, 도시공사와의 중재를 통해 어려움을 해결한 것도 모범적인 적극 행정 사례였다. 이 일은 나에게는 장애인 학교 교육의 중요성을 다시 한번 돌아보게 하는 특별한 민원이었다.

전국 2,273학교 아이들에게
안전한 길을 선물

학교로 가는 길은 즐겁고 안전해야 한다. '스쿨존'은 당연히 가장 안전한 길이여야 하지만 우리나라의 학교 길은 여전히 크고 작은 위험들이 도사리고 있다. 통학로 교통사고는 끊이지 않고 뉴스에 보도된다.

그 뉴스를 접하는 사람들은 자신이 사고를 당하지 않았어도 모두 가슴속에 아픔을 느낀다. 사고의 희생자가 아이들이고, 우리 모두 그 시절을 겪었으며 또 대부분 자녀를 둔 부모가 되었기 때문이다. 아픔 뒤에는 필연적으로 분노가 찾아온다. "아직도 통학길 아이들이 다치는 사고가 일어나느냐!"는 통분痛憤이다.

'스쿨존 교통사고 반복되지 않도록… 경기도, '어린이 통학

통학로가 안정해야 우리의 미래도 안전하다.
아이들은 언제나 우리의 미래다.

로 교통안전협의체' 구성, 스쿨존 어린이 사망사고 지속… 노원구, 42곳 맞춤형 통학로 개선 추진, 교통사고가 너무 잦아요. 통학로 개선해 주세요!, 점멸 신호등 통학로 사고, 기준은 있었지만 작동하지 않았다'… 기사의 제목만 보아도 통학로가 여전히 위험하다는 것을 알 수 있다.

보도조차 없는 차도를 걸어 등하교하는 아이들, 늘어선 전신주들과 불법 주정차, 노후한 시설들이 제 기능을 못하는 통학로는 아이들에게 늘 위험의 길이었다. 나아가 부모와 교사 모두에게 불안의 대상이다.

가장 안전해야 할 학교 가는 길이 마치 TV에 등장하는 '별난 세계의 모험'처럼 위험하다는 것은 우리나라의 기본 사회구조가 잘못되어 있다는 뜻이기도 하다. 이는 전국 곳곳에서 등하굣길 교통사고가 잇따르자 국민들이 아이들의 안전을 지켜달라는 민원을 쏟아낸 것에서도 잘 나타난다.

'안전한 통학로' 만들기에 '불편한 통행로' 민원…인도 없는 통학로 개선 민원 봇물, 통학로 개선 안전신문고에 신고했어요, 미끄러운 통학로 개선 민원… 이처럼 국민신문고에 접수된 '통학로를 개선해 주세요'라는 민원은 2019년 3만 2천 건에서 불과 1년 만인 2020년에 18만 5천 건으로 폭증했다. 역대 민원 중에서 가장 많은 청원을 기록했으며, 한 지역에 한정되지 않고 대한민국 전체에서 민원이 접수되었다.

그만큼 통학로는 위험이 쌓여 있었으며 어른들이 책임을 다하지 않았다는 현실이 입증되었다. 아이들이 걷는 길이 안전하지 않다면 그 어떤 교육정책도, 출산장려 정책도 의미가 없다는 절박한 인식이 사회 전반에 확산되고 있었다.

권익위는 이러한 다급한 목소리에 즉각 반응했다. 나는 통학로를 안전하게 바꾸는 일을 국가적 과제로 규정하고, 전국

시·도 교육청, 지자체, 경찰청, 도로교통공단, 한국전력공사 등 관계기관과 함께 전면적인 실태 조사에 착수했다.

아이들의 길을 안전하게 하는 것은 나라의 미래를 지키는 일

하나의 민원을 해결하기 위해서는 보통 3~4개의 기관이 모여야 한다. 통학로 개선에는 권익위를 포함해 6개 기관이 한자리에 모였다. 안전한 통학로를 만들자는 뜻에는 모두 공감하지만 실천에 있어서는 의견이 다를 수 있었다.

여러 기관들의 이해관계를 조율하고 중재하는 것은 권익위원장인 나의 몫이었다. 우선 권익위 실태 조사를 마치자 전국 2,273개 초·중·고교에서 통학길 안전을 위한 개선이 필요하다는 점을 확인했다. 권익위는 면밀하게 현장 조사를 거쳐 5,970개 시설의 개선안을 마련했다.

2021년 6월 8일 문재인 대통령이 주재한 국무회의에서 나는 〈학교 통학로 안전확보 대책〉을 보고하고 관계기관들이 많은 관심과 적극적인 지원을 해줄 것을 요청했다.

"현재 개선 대책이 학교별로 추진 중에 있습니다. 앞으로 전국을 권역별로 나눠 개선 현장을 확인·점검하고 독려하면서 조속히 완료될 수 있도록 하겠습니다"라고 대통령께 개선 방안을 보고했다. 이 보고에 이의를 제기하거나 난색을 표명한 국무위원은 한 명도 없었다. 오히려 늦은 감이 있다며 적극적인 지원을 약속했다.

이후 교육부, 행정안전부, 산업통상자원부, 국토교통부 등 관계기관과 협의하여 통학로 안전을 확보하기 위한 예산과 제도 지원을 요청하고, 권익위는 공사가 잘 추진되고 있는지를 꼼꼼히 점검했다.

개선 공사는 전국적으로 시작되어 빠르게 진행되었다. 경기 덕풍초와 충남 신관초에서는 전신주 지중화가 추진되고, 서울 보성여중과 대구 동부초에서는 인도가 신설·확장되었다. 광주 비아초, 부산 연지초 등 3,505개 통학로에는 횡단보도와 교통신호가 새로 설치되어 아이들이 마음 놓고 길을 건널 수 있게 되었다. 나는 전국의 학교들을 다니면서 통학길 안전 확보 공사가 잘 추진되고 있는지 꼼꼼히 현장점검을 하였다.

그렇다 하여 문제가 완전히 해결되었다고 볼 수는 없다. 한 언론에서 지적했듯이 "통학로는 여러 문제가 얽히고설켜 해결이 쉽지 않다. 통학로 주변 주민과 차량 운전자의 이해, 불합리한 통학 구역 설정, 아파트 건설과 재개발 등이 복합적으로 작용하고 있기 때문이다." 이를 개선해나가는 것은 우리 모두의 책임이다.

통학로 개선은 단순한 시설 보수가 아니라 국가가 아이들의 '걸음 하나하나'를 보호하겠다는 선언이었다. 통학길이 위험의 통로가 아닌 안전의 길이 되도록 한 권익위의 조치는, 행정이 국민의 민원에 귀 기울여 실제 변화를 이끌어낸 사례가 되었다. 아이들의 길을 안전하게 하는 것은 결국 나라의 미래를 지킨다는 것임을 행동으로 증명했다.

폭우 속에서 생명을 잃는 일은 없어야 한다

2020년 7월 23일 부산에 갑작스러운 폭우가 쏟아졌다. 한반도 전체에 소나기가 퍼붓는 험악한 날씨였으며 부산에서는 시간당 80mm가 넘었다.

오후 9시 25~30분경 초량 제1지하차도에 물이 들어차기 시작했다. 하지만 별다른 통제 조치가 없어 차들은 계속 진입했고 9시 40분경 침수 수위가 급격히 높아지며 2m까지 올라갔다. 보통의 어른 키를 훌쩍 넘어서는 높이였다.

차량 7대가 물에 잠기자 운전자들은 차에서 빠져나와 구조를 기다렸다. 다행히 6명은 구조되었으나 3명이 사망하는 비극이 일어났다. 이 참혹한 침수사고는 온 국민에게 깊은 충격을 남겼다. 강이나 계곡, 바다가 아닌 도시의 지하차도에서 물에 잠겨 생명을 잃는 일이 어떻게 일어날 수 있느냐는 한탄이었다.

갑작스러운 폭우 속에서 허술한 배수시설과 불분명한 통제로 인해 소중한 생명이 희생된 그날, 국민들은 '이 비극이 다시 반복되어서는 안 된다'는 간절한 요구를 권익위에 보내왔다. 그러나 그때까지의 지하차도 침수 평가는 배수시설의 유·무 정도만을 확인하는 수준에 그쳤다. 실제 배수 능력이나 자동 작동 여부, 사전 정비 상태는 반영되지 않았다.

더욱이 국토교통부가 관리하는 지하차도 142곳은 평가 대상조차 아니었다. 불완전한 제도와 부처 사이에 책임 공백이 맞물려 국민의 생명은 예측가능한 위험 앞에서도 보호받지 못했다. 나는 안타까운 마음으로 부산 지하차도 사고 현장을 찾았고 다시는 이런 비극이 있어서는 안 된다고 다짐했다.

나는 이 문제를 단순한 안전관리의 개선이 아니라 '생명권 보호를 위한 행정의 책무'로 규정했다. 국민신문고에 접수된 민원 311건을 면밀히 분석하고, 물에 여러 번 잠겼었던 지하차도 4곳을 직접 조사했으며, 전국 925개 지하차도에 대한 실태를 조사했다. 전국에 지하차도 925개가 있다는 것은 침수 사고가 일어날 수 있는 곳이 925곳이나 된다는 뜻이다.

우리가 평소에 무심히 지나쳤던 지하차도에서 사고가 일어날 확률은 아주 높다. 화물차에 터널의 높이보다 더 높게 짐을 실어 충돌사고가 일어나기도 한다. 지하차도의 입구에 통과 높이가 명확히 게시되어 있는데도 그것을 무시하고 진입하는 것이다. 또 운전 부주의로 인한 사고도 종종 일어난다. 이러한 사고를 막아야 하는 것은 물론 뜻밖에 폭우를 만나 다치거나 죽음에 이르는 참사도 당연히 막아야 한다.

권익위는 조사 결과를 바탕으로 행정안전부와 국토교통부에 제도개선 권고안을 마련해 〈침수 위험 지하차도 등급화 기준〉을 객관화·세분화하도록 했다.

안전한 위험관리 시스템을 갖추게 된 전국의 지하차도

당시 배수시설은 단순히 시설의 유·무를 평가하고 있지만 권익위 제도개선 권고 이후로 실제 배수 능력을 평가하도록 바꾸었다. 구체적 기준은 물을 퍼내는 펌프의 숫자, 자동 작동 여부, 장마철이 오기 전의 준설浚渫 여부 등으로 구체화했다. 또 전체 지하차도의 15.4%이지만 침수 평가 대상에서 누락돼온 국토교통부 관할 지하차도 142곳도 평가 대상에 포함시켰다.

나아가 지하가 침수되기 시작할 때 언제부터 차량을 통제할 것인가의 기준을 개선해 표준안내서를 마련했다. 위험등급이 높은 지하차도부터 순차적으로 자동차단기를 설치해 침수가 되면 차단기가 자동으로 내려와 차들이 다니지 못하게 했다.

이 개선책으로 전국의 지하차도는 체계적인 위험관리 시스템을 갖추었으며, 국민의 안전이 행정의 중심으로 자리 잡게 되었다. 권익위의 노력은 단순한 행정 조치가 아니라 재난 앞에서 생명을 지키는 국가의 의지를 제도로 구현한 성과였다.

권익위는 똑같은 사태가 반복되지 않도록 제도개선을 추진했으나 2023년 여름, 충북 오송(궁평)에서 지하차도 참사가 다시 일어났다. 집중호우가 쏟아지면서 미호강이 범람했고 그로 인해 차량 17대가 물에 잠기고 14명이 사망했으며, 9명이 구조되었다. 이 구조작업에는 고무보트 4대 등 장비 33대와 군경을 포함해 인력 279명이 투입될 정도로 큰 사고였다. 여러 원인이 있지만 권익위에서 권고한 제도개선 사항들이 현장에서 지켜지지 않은 점도 문제였다.

규정을 지키는 것은 생명을 지키는 것이다. 사람들은 대부분 '나는 괜찮겠지' 혹은 '설마 나에게 그러한 일이 생기겠어'라고 안일하게 생각한다. 그 안일한 생각에서 사고가 일어난다. 그러므로 '나에게도 사고가 생길 수 있으므로 주의를 기울여야 한다'라는 마음을 지녀야 한다.

규정을 지키고, 안전에 최선을 다해야만 생명과 재산을 지킬 수 있다. 뜻하지 않은 곳에서 뜻하지 않게 사고를 당하는 것은 억울한 일이다. 앞으로는 그 억울함과 유사한 비극이 일어나지 않도록 관계 당국과 지자체는 규정 준수와 관리에 만전을 기해야 한다.

5대강과 하천의 오염을
막기 위해

태풍과 집중호우가 지나간 뒤 강과 바다는 쓰레기로 뒤덮인다. 대부분의 국민들은 TV를 통해 강에 둥둥 떠다니는 엄청난 양의 나무 부산물과 쓰레기를 보면서 '언제 저걸 다 치우나!' 한탄하기도 하고, 쓰레기가 인간 삶을 위협하는 강력한 부정적 요소 중 하나라는 것을 절감한다. 이처럼 강을 더럽히는 쓰레기의 공습은 1년에 한두 번 이상 거의 반드시 되풀이된다.

2020년 태풍 '마이삭Maysak'이 지나간 낙동강 하류와 해안가에서는 부유 쓰레기가 쌓여 악취가 진동하고, 어민들은 어장을 잃은 채 하늘만 바라봐야 했다. 이는 낙동강 하류뿐 아니라 모든 강이 마찬가지 현상이었다. 강으로 떠내려온 부유물이 나뭇가지나 나뭇잎 등 자연의 사물이라 해도 그것을 치우지 않으면

태풍 마이삭의 진로.
자연재해로 인한 환경오염을 줄여야 생명과 재산을 지킬 수 있다.

생태계에 나쁜 영향을 끼친다.

하물며 인간이 만든 공산품의 잔해와 생활쓰레기가 끼치는 영향은 막대하다. 심지어 폭우가 쏟아질 때 쓰레기를 하천에 몰래 버리는 사람도 있다. 자연재해가 남긴 상처는 환경 오염을 넘어 지역민의 생존을 위협하는 사회적 문제가 되었다.

그러나 지자체들은 예산이 부족하고, 치워야 할 곳은 많은 데다 이런저런 제약으로 신속한 수거가 어려웠다. 그 사이에도 강은 위에서 아래로 끊임없이 흐르기 때문에 상류 지역에서 생겨난 쓰레기들이 하류 지역으로 밀려들었다.

하류 지역은 그곳의 쓰레기를 치우기도 바쁜데 위에서 떠내려온 쓰레기까지 치워야 하는 이중고에 시달릴 수밖에 없었다. 그러한 고충으로 인해 태풍이 지나간 지 두 달이 흘렀어도 강가에는 여전히 쓰레기 더미가 남아 있게 된다. 당시 뉴스에서는 쓰레기의 양이 얼마나 많은가를 보도했다.

"장마·태풍으로 하천 부유쓰레기 11만4천 톤 발생…10년 내 가장 많아―올해 집중호우와 태풍으로 전국 하천·하구와 댐에 유입된 쓰레기가 11만 4천 톤에 이르는 것으로 나타났습니다. 이는 최근 10년 내 가장 많은 양입니다."

권익위는 이러한 현장의 목소리를 외면하지 않았다. 2020년 7월 제9호 태풍 마이삭과 8월 제10호 태풍 '하이선Haishen' 피해 직후 나는 낙동강 하구 지역인 부산 사하구를 찾아 현장을 둘러본 후 태풍 피해 주민들의 고충을 들었다.

지역 주민과 해안가 어민들은 "매번 태풍과 집중호우가 발생할 때마다 하천 하구와 해변가 등에 쓰레기가 유입돼 환경오염과 악취 피해가 발생한다"며 고충을 호소했다.

또 지난 3년간 국민신문고를 통해 접수된 하천·해양 쓰레기 관련 민원은 1,000건이 넘을 정도로 문제가 심각했다. 하나 이 사안에 1,000건 이상의 민원이 들어오면 그 상태가 매우 나

쁘다는 뜻이므로 이런 일이 되풀이 되지 않도록 하기 위해서는 근본적인 해결에 나서야 했다.

자연의 재앙 앞에서 국민의 일상을 지키는 것은 국가의 책임

태풍으로 밀려온 부유 쓰레기를 치우는 일은 생각보다 어렵다. 장비가 많이 동원되어야 하고 위험도 따른다. 낙동강·한강·금강·영산강·섬진강 등 5대강 하류 지역의 지자체마다 처리비용이 다른 것도 문제가 되었다. 일부 지자체는 협약된 비율에 따라 지원금이 산정돼 상류 지역을 지원하기 어렵고, 유관기관과의 업무 협조가 잘 되지 않아 쓰레기 치우는 일이 늦어지기도 했다.

권익위는 이러한 기관 간의 갈등을 중재하기 위해서 지방보조사업으로 추진 중이던 하천·해안 쓰레기 수거의 한계를 분석하고, 재난이 일어났을 때 예산을 빠르게 투입할 수 있도록 〈수계관리기금운용규칙〉 개정을 추진했다.

그 결과 태풍이나 집중호우로 발생한 쓰레기의 수거·처리비를 수계기금에서 하류 지역에 직접 지원할 수 있게 되었다. 이로써 지원금을 둘러싼 기관들 간의 갈등이 해소되고 상호협조로 원활한 부유쓰레기 제거작업이 가능해졌다.

지원금을 산정할 때 실제 발생량을 기준으로 하여 상류 지역과 하류 지역의 형평성도 맞추었다. 또한 해양쓰레기를 수거하는 비용의 국비 지원을 높이고, 소각장을 설계할 때 부유 쓰레기를 포함하도록 했으며, 차단막 설치 등 근본 대책도 병행했다.

권익위는 부유 쓰레기를 깨끗하게 치우는 단순한 청소 문제로 여기지 않았다. 재난 대응과 국민의 삶의 질에 직결된 문제로 인식하고 법과 제도를 움직여 해결책을 만들어냈다. 나는 "국비와 기금의 탄력적 지원, 상류 지역의 책임 강화, 기관 간 협력"이라는 세 가지 원칙을 제시했으며 이는 재해 행정의 새로운 기준이 되었다.

한여름과 초가을에 한 번 이상 찾아오는 태풍과 폭우는 자연의 현상이다. 태풍과 폭우의 직접적인 피해도 줄여야 하지만 그 후에 발생하는 쓰레기 문제에도 현명하게 대처해야 한다. 강에 둥둥 떠다니는 쓰레기들은 강뿐만이 아니라 우리의 삶도 오염시킨다.

해양 오염에 대처했던 권익위의 조치는 행정이 현장에서 국민의 목소리를 듣고 제도를 바꾸는 진정한 '현장 행정'의 모범이었다. 자연의 재앙 앞에서도 국민의 일상을 지켜내려는 국가의 책임이 어떻게 실천되는지를 보여주는 감동적 사례였다.

전국의 무성한 가로수를 정비해
교통 안전 확보

가로수는 현대인의 삶에서 매우 중요하다. 높은 빌딩들과 아스팔트만 있는 거리를 상상하면 숨이 턱 막힌다. 또 국도를 따라 길게 심어져 있는 아름드리 가로수들은 여행을 더 즐겁게 해준다. 그래서 멋진 가로수를 보기 위해 일부러 여행을 떠나기도 한다. 가로수는 매일매일의 생활에서 활력을 안겨주고 지친 일상에서 때로는 시를 쓰고 싶은 감성도 안겨준다.

그러나 가로수가 무한대로 자라기만 하면 적지 않은 피해를 준다. 4~5층 건물에 햇빛이 들지 못하게 하기도 하고, 상가의 간판을 가려 영업을 하는 데 지장을 주기도 한다. 그래서 개인적으로 가로수 가지를 잘라내는 사람도 있다. 이는 불법행위이므로 절대 해서는 안 된다.

　무성한 가로수의 또 다른 문제는 신호등과 교통표지판을 가리는다는 점이다. 도로변의 가로수와 잡목으로 인해 운전자의 시야가 가려지고, 그로 인해 교통사고 위험이 높다는 불만과 불편이 전국 각지에서 꾸준히 제기돼 왔다. 이는 대한민국 국민 모두가 일상에서 불편을 느끼고 있다는 뜻이다. 특히 어린이보호구역이나 교차로 인근에서는 신호등이 가려져 사고로 이어지는 사례까지 종종 발생한다.

　운전을 하는 사람은 이러한 경험을 한 번 이상 가지고 있다. 낯선 도시를 처음으로 방문하는 사람은 나무에 가려진 교통표지판에 당황하여 사고를 내거나, 가야 할 길을 놓치기도 한다. 내비게이션이 안내해주기도 하지만 전적으로 그것에 의존해 운전하지는 않기 때문이다. 실제의 도로 상황과 안내판이 중요하다는 것을 운전자들은 잘 알고 있다. 그러므로 안내판이 가려져 있으면 가로수에게 화풀이를 한다. 사실 나무는 아무런 죄가 없는데도 말이다.

　인터넷에서 '가로수-신호등'을 검색하면 전국 각지에서 '신호등 가린 가로수 교통사고 우려', '신호등을 가린 가로수 가지 쳐주세요', '무성히 자란 가로수, 운전자 안전 위협' 등의 기사가 줄을 잇는 것을 볼 수 있다. 교통단속에 걸린 운전자는 "나무에 가려져 있어 표지판이 있는 줄도 몰랐다"고 불만을 토로하기도 했다. 여러 장점을 주는 가로수가 뜻하지 않게 사람들에게 피해를 주고 있는 것이었다.

현행의 〈도시숲 등의 조성 및 관리에 관한 법률〉(법률 제20581호)은 도로표지나 신호등의 시야를 방해하는 곳에는 가로수를 심을 수 없다. 그러나 지자체와 경찰 간의 소통 부족으로 현장 관리가 제대로 이뤄지지 않는 것도 사실이다. 국민의 생명과 안전이 나무 한 그루에 가려지는 현실을 더 이상 방치해서는 안 된다.

가로수 정비는 국민의 생명과 직결된 문제를 해결한 것

나는 이러한 교통안전 사각지대를 없애기 위해 2022년 8월 전국적으로 도로변 가로수 일제 정비를 추진했다. 권익위가 총괄하고, 경찰은 정비해야 할 나무를 조사하며, 지자체는 실제 가지치기·옮겨심기 등의 현장 조치를 맡는 협업 시스템을 구축했다.

경찰은 전국의 사고 다발 지역과 보호구역을 중심으로 현장 조사를 실시해 219개 시·군·구에서 3,355곳의 정비해야 할 가로수를 정했고, 각 지자체는 도로 여건에 따라 가지치기, 나무 제거와 옮겨심기를 했으며, 교통표지판도 새로 정비했다. 가로수들은 더 깨끗해진 모습으로 탈바꿈하여 시민들에게 불편을 주지 않게 되었다.

그동안 도로 주변의 무성한 가로수가 신호등은 물론 속도

제한·진입금지·어린이보호구역 등 교통 표지판을 가려 사고를 유발하는 일이 상당히 많았다. 심지어 운전자가 가로수에 가린 표지판을 보지 못해 역주행하는 경우도 있었다.

그렇다 하여 가로수를 모두 베어낸다거나 도로를 새로 개설할 때 가로수를 아예 심지 않을 수는 없다. 길을 따라서 양쪽으로 죽 심어진 나무들은 우리 모두에게 마음의 여유와 자연의 고마움을 느끼게 해준다. 그 가로수들이 더 잘 자라게 하되 생활에 방해가 되지 않도록 주기적으로 관리하는 것이 우리의 책임이다.

권익위가 추진한 가로수 일제 정비로 운전자들의 시야가 넓어지고, 특히 어린이·노인보호구역 등에서의 교통사고 예방이 높아졌다. 일상에서 겪는 불편을 넘어 국민의 생명과 직결된 문제를 선제적으로 해결한 사례이다. 가로수 일제 정비는 권익위-경찰-지자체 간의 협업을 통한 '생활밀착형 안전행정'의 모범 모델로 꼽힌다.

그리스군 참전비
50년 만에 시민 곁으로 돌아오다

그리스군의 한국전쟁 참전기념비가 마침내 새로운 보금자리로 옮겨졌다. 1950년 6월 한국전쟁이 발발하자 저 멀리 그리스는 한국 땅에 유엔군의 일원으로 군대를 파견했다. 그리스군은 1950년 11월부터 전투에 참여해 자유 대한민국을 지키는 임무에 헌신했다. 1953년 7월 총성이 멈춘 이후에도 5년 동안 한국에 머물며 한국인들의 더 나은 삶을 위해 여러 일을 했던 우리의 우방이다.

그리스군은 장교 50여 명, 사병 800여 명이 파견되어 1, 2차 원주전투, 여주·이천 381고지 전투 등에서 치열한 공방전을 벌였으며 3년여 동안 200여 명 넘게 전사·사망하고 543명이 부상을 입었다. 자유와 민주주의를 지키기 위해 낯선 땅에서 큰 희생을 치른 위대한 공적이 아닐 수 없다.

　전쟁이 끝난 후 그리스군의 희생정신을 기리기 위해 국방부는 그리스군 참전기념비를 전투가 벌어졌던 여주에 세웠다. 1974년 10월 국방부가 그리스로부터 직접 공수한 대리석으로 제작되었다. 그러나 이후 고속도로가 만들어지면서 기념비는 50년 가까이 영동고속도로 여주휴게소에 자리해 있었다. 참전비 석판에는 '건립개요 – 주관: 국방부, 집행: 제3군 사령부, 제작: 김영학, 제막: 1974.10.3'이라 새겨졌다.

　김영학金永學은 서울대 부교수를 지낸 조각가이다. 네모난 벽의 중앙에 월계수잎과 투구가 그려진 둥근 동판이 있고 돌판 옆과 위로 아테네 신전을 나타내는 기둥과 판석이 놓여 있다. 아래쪽 제단 왼쪽에는 금색 십자가가 있다. 그 옆으로 6개의 금색 동판에 '1951. 9. 27 대위 크우소우코스' 등 192명 전사자의 이름과 전몰 일자가 적혀 있다.

　그러나 아쉽게도 고속도로 휴게소에 들르는 시민들이 이 기념비에 관심을 갖고 참전과 희생의 뜻을 되새기기보다는 "여기에 이런 것이 있네" 하는 호기심의 대상이었다. 더구나 주변에 물류창고와 흡연장 등이 들어서면서 그리스군 참전 추모의 의미가 갈수록 퇴색되었다.

　참담한 그 모습을 본 그리스 참전용사와 유족, 그리스 정부의 안타까운 목소리가 이어졌다. 특히 그리스 한국전참전용사협회는 참다못해 "참전 기념비가 더 이상 예우의 상징이 아닌 주차장의 한 모퉁이가 되어버렸다"며 한국의 권익위에 민원을 제기했다. 그리스 참전기념비를 더이상 고속도로 휴게소에 방치할 수는 없었다.

권익위는 즉시 현장에 나가 실태를 조사하고 관계기관과의 협의를 시작했다. 나는 여주휴게소에 외로이 서 있는 기념비를 둘러보고 직접 여주시청에서 참전기념비 문제를 해결하기 위해 현장조정회의를 열었다. 회의에는 이휘게니아 콘톨레온토스 주한 그리스 대사, 임수석 주그리스대한민국 대사, 국가보훈처와 국방부, 여주시가 현장에 참석했고 그리고 수많은 그리스 참전용사들이 그리스 본국에서 화상으로 참석했다.

권익위 출범 이후 최초로 외국에서 제기된 민원 해결

우리나라에는 한국전쟁에 참여한 나라들의 참전비가 여러 곳에 있다. 영국군은 파주에. 미국군은 가평에, 콜롬비아군은 인천에, 태국군은 포천에, 에티오피아군은 춘천에 기념비가 있다. 그곳들은 관광명승지는 아니지만 잘 정비되어 있어 참전국의 희생과 우호를 기념하고 추모하는 한국의 예우를 잘 보여준다. 그런데 그리스 참전비는 고속도로 휴게소 한켠에 방치되어 상대적으로 홀대받는다는 느낌이 들었던 것은 사실이다. 이를 바로잡기 위한 협의를 시작했다.

한국과 그리스의 우호를 더욱 가깝게 해주는 그리스군 참전 기념비.

　권익위 조정 결과, 국가보훈처는 2023년 말까지 참전기념비를 고속도로 휴게소에서 여주 영월迎月 근린공원으로 옮기고, 여주시는 공원 부지를 제공하기로 했다. 국방부는 기존 부지를 정리하고 현충 행사를 지원하며, 주한 그리스대사관은 대리석 등 이전 자재의 운송을 도와 한-그리스 우호의 상징을 완성하게 되었다.

　이 과정을 거쳐 예정보다 빠른 2022년 9월 제막식이 거행되었다. 니콜라오스 하르달랴스 그리스 국방차관, 예카테리니 루파스 그리스 대사, 한국정교회 대교구 대주교, 여주 시장, 경기 동부보훈지청장, 국회의원 등이 참석해 희생의 정신을 다시 한번 가슴에 되새겼다. 이후 이곳은 많은 사람들이 찾는 탐방지가 되었다.

2025년 10월, 여주시는 영월근린공원에서 참전용사 추도식을 열었다. 주한 그리스 대사를 비롯한 국내외 주요 인사 100여 명이 참석해 그리스 참전 용사의 희생정신을 기렸다. 또한 양국 간의 우호를 되새기는 뜻깊은 자리가 되었다. 참전용사비를 이전함으로써 생겨난 긍정적 현상이었다.

이 사안은 권익위 출범 이후 최초로 외국에서 제기된 민원을 해결한 사례이자, 전쟁의 아픔을 넘어 인류 보편의 연대를 회복한 상징적 사건이었다. 그리스 참전용사들은 화상으로 연결된 회의에서 "한국 국민의 감사와 우정이 세대를 넘어 이어지고 있다"며 눈시울을 붉혔다.

나는 "단순한 기념비 이전이 아니라 헌신과 희생의 기억을 시민들의 일상 속으로 되돌려 놓는 일이었습니다. 권익위는 앞으로도 존경과 감사의 가치를 되살리는 행정을 실천하겠습니다"라고 밝혔다. 영월공원으로 옮겨진 그리스군 참전기념비는 이제 시민들과 함께하는 평화의 상징으로 새로운 역사를 쓰고 있다.

국민 모두의 삶에 편안함을

|부동산 중개수수료| 국민의 생활비 부담을 실질적으로 줄인 반값 중개수수료 정책

|공동주택 관리| 국민 생활과 밀접한 공동주택 관리를 투명하게

|결식 아동 지원| 아이들에게 주는 따뜻한 밥 한 끼

|산업재해 예방| 모두가 안전하게 일할 수 있는 산업 현장이 되어야

|섬 지역 택배비| 내륙보다 비싼 섬마을 택배비 인하 조정

국민의 생활비 부담을 실질적으로 줄인 반값 중개수수료 정책

집값이 오르면 덩달아 필연적으로 오르는 것이 있다. 바로 중개수수료이다. 가격이 비싼 집을 사는 부자라면 그 정도의 수수료는 부담해야 하는 것 아니냐는 인식도 있는 것은 사실이다. 그러나 막상 그 자신이 집을 사거나 팔 때가 되면 수수료가 너무 많다고 불평을 한다. 수수료는 법적으로 정해져 있지만 어느 정도까지는 협의가 가능하다. 그럼에도 수수료가 비싸다고 대부분의 국민들은 생각하고 있다.

더구나 2010년 이후부터 집값이 급등하는 추세에서 중개수수료가 너무 많다는 국민의 불만은 계속 높아지고 있었다. 부동산 거래는 국민 생활에 없어서는 안 되는 경제활동이면서도 불만의 민원이 꾸준히 제기되는 원인이 되었다.

상승하는 집값을 치르기도 벅찬데 수수료마저 높아져 부담이 더욱 커지는 것이다. 수도권을 중심으로 거래금액이 급상승하자 매매와 임대차 모두에서 중개수수료가 급격히 늘었고, 이로 인해 서민과 청년층의 주거 안정이 위협받았다. 그러나 중개수수료를 무턱대고 내릴 수는 없었다. 부동산 중개로 생업을 유지하는 사람들도 많기 때문이다.

2021년 이전에는 지역별 격차와 고가 구간의 불합리한 역전 현상까지 생겨나 사회적 갈등의 불씨로 번지고 있었다. 이러한 상황에서 나는 단순한 수수료 조정이 아닌 국민의 생활비 부담을 실제적으로 줄이는 실질적인 제도개선이 필요하다고 판단했다.

권익위는 국민의 목소리를 직접 듣기 위해 '국민생각함函'을 통한 여론 수렴과 온라인 토론회를 열었다. 예측한 바와 같이 수없이 많은 요청과 개선 요구가 줄을 이었다. 그 결과를 바탕으로 국토교통부와 지자체에 개선을 권고했다.

특히 매매 0.9%, 임대차 0.8%였던 기존 최고요율을 인하하고, 고가 구간을 세분화하여 합리적 구조로 조정하는 방안을 제시했다. 또한 중개 대상물의 권리관계 명확화, 손해배상책임 보장금액 상향, 중개사무소 사업자등록증 게시 의무화 등 소비자 보호 강화책을 함께 권고했다.

권익위의 제안은 수수료를 무조건 싸게 인하하라는 일방적 요구가 아니었다. 부동산중개소를 운영하는 수많은 중개인들의 상황도 고려하는 정책이었다. 국토부는 연구용역과 공청회를 거쳐 2021년 8월 시행령과 시행규칙 개정안을 마련하고, 이를 입법예고하여 제도개선의 첫걸음을 내딛었다. 여기에는 국민의 바람은 물론 중개인들의 의견도 충분히 포함되었다.

국민이 뽑은 최우수 제도개선 1위

언론에 대대적으로 보도된 주요 내용은, 3억원 이상 주택의 임대차 계약을 맺거나 6억원 이상 주택 매매 시 발생하는 중개수수료 상한 요율을 최대 절반 수준으로 낮춘 것이다. 매매의 경우 6억원 이상~9억원 미만은 0.4%로 낮아진다. 9억원~12억원은 0.5%, 12억원~15억원은 0.6%, 15억원 이상은 0.7% 이내에서 협의로 세분화해 적용된다.

요율은 공인중개사가 받을 수 있는 최대한의 요율이며 실제 계약 과정에서는 의뢰인과 중개사가 협의해 구체적인 요율을 결정하게 된다. 임대차 계약은 3억원~6억원은 0.3%로 변경된다. 6억원~12억원은 0.4%가 적용돼 수수료가 '반값'으로 줄어든다. 12억원~15억원은 0.5%, 15억원 이상은 0.6% 상한 요율을 적용한다. 국토부는 권익위의 제도개선 권고를 수용해 이같은 내용을 담은 〈국민부담 경감을 위한 중개보수 및 중개서비스 개선방안〉을 확정해 2021년 8월 발표했다.

이 내용에는 공인중개사의 책임보장한도(중개사협회 공제금)를 개인에게는 연 1억원에서 2억원으로, 법인은 2억원에서 4억원으로 높여 중개 사고가 일어났을 때 소비자를 보호하는 방안도 포함되었다. 이 개선 정책으로 중개수수료가 실질적으로 완화되고, 특히 청년·신혼부부·저소득층 등 서민들의 경제 부담이 크게 줄어들었다.

집을 이사할 때는 집값만 드는 것은 아니다. 수수료, 이사비, 수리비 등 여러 비용이 든다. 그 비용을 최대한 아끼려는 것이 모든 국민의 마음이다. 그 마음을 잘 알기에 나는 적극적으로 국민 의견을 수렴해 중개수수료 인하 정책을 이끌어낸 것이다. 권익위가 국민 생활 속에서 심적 부담을 발견하고 제도적 개선으로 연결한 모범적 사례였다.

중개수수료 인하를 넘어 국민의 신뢰를 얻은 이 성과는, 국민이 체감하는 권익행정이 나아가야 할 방향을 명확히 보여주었다. 권익위의 부동산 중개수수료 인하는 '2021년 국민이 뽑은 최우수 제도개선'으로 선정되었다. 이외에도 권익위가 마련한 '아동 급식 사각지대 개선', '성범죄 경력조회 신청 간소화', '모바일 상품권 유효기간 연장' 등이 우수한 제도개선으로 뽑혔다.

국민 생활과 밀접한
공동주택 관리를 투명하게

아파트에서 11월부터 2월까지 겨울의 넉 달을 지냈음에도 난방비가 0원인 집들이 있다. 2024년에만 그러한 집들이 2만 3,000세대가 넘는다. 한 달 이상 난방비가 0원이었던 아파트는 19만5,573세대로 2023년의 17만3,917세대에 비해 12.5% 늘어났다. 어떻게 이러한 일이 있을 수 있을까?

도시가스 난방을 아예 하지 않고 전기장판이나 전기난로만으로 겨울을 나는 사람도 있으며, 겨우 내내 집을 비우는 곳도 있지만 난방비 0원은 보통의 사람들로서는 이해하기 어렵다. 아파트 관리가 허술하거나 무언가 비리가 있지 않을까? 의구심을 들게 한다.

공동주택(대부분 아파트)의 관리에 문제가 있다는 것은 국민 모두가 알고 있다. 대표적으로 아파트 외벽을 새로 칠할 때 비용의 일부를 관리자나 주민대표들이 사례금으로 받는 경우도 있었다. 이른바 뇌물 수수, 부실 시공, 입찰 비리가 여러 곳에서 벌어졌던 것이다. 이제 이러한 일은 사실상 사라졌지만 문제는 여전히 남아 있다.

난방비 0원 논란, 관리소 직원의 횡령, 공사 입찰가격 부풀리기, 장기수선충당금 적립, 관리소장 채용 시 금품 요구 등 아파트 관리에서의 각종 비리는 아직도 존재한다. 2021년 기준으로, 외부회계감사 결과 비적정 의견이 7.6%로 전년 대비 11.9%p 감소했으나 여전히 70% 이상이 비리 의심 단지로 분류되었다. 관리 직원이 수년 동안 몇 억원을 횡령했다는 뉴스도 간혹 보도되고, 관리소장이 관리비를 사적으로 사용했다는 뉴스도 끊이지 않는다. 그 피해는 선량한 주민들이 고스란히 입는다.

국민들의 생활에 불편을 안겨주는 부정행위는 즉각 바로 잡아야 한다는 것이 나의 신념이다. 권익위는 공동주택 관리의 투명성을 높이고 입주민 피해를 막기 위한 절차에 들어갔다. 2022년 10월 제도개선 방안을 만들어 국토교통부와 17개 광역지자체에 권고했다. 이 개선안은 관리비 부과의 불공정성과 회계 비리를 동시에 막겠다는 취지로, 국민 생활과 밀접한 공동주택 관리 전반의 신뢰가 목표였다.

나는 "공동주택 관리의 투명성은 국민 주거권과 직결된 문제입니다. 관리비 공개와 회계감사 강화로 입주민이 안심할 수 있는 공동주택 문화가 정착되어야 합니다"라고 권고했다.

권익위는 관리직원이 예금잔고증명서나 지출 증빙서류를 위·변조해 차액을 횡령하는 사례가 잦다는 점에 주목했다. 이를 막기 위해 회계감사를 할 때 예금잔고증명과 장부 대조를 의무화시켰다. 또한 전기·소방·도색공사 등 분야별 담당자가 지출이 올바른지를 검토하여 내부 단독 결재로 인한 부정행위를 하지 못하게 했다.

공동주택의 투명하고 공정한 관리가 삶을 편안하게 해준다

난방비 0원 문제에도 역점을 두었다. 난방비는 보통 각 세대에 설치된 계량기의 숫자에 따라 부과되고, 공동 사용량은 전체 관리비에 포함된다. 이때 일부 세대가 고의적으로 계량기를 파손시켜 난방비를 0원으로 만드는 불법이 발생한다. 그렇게 되면 나머지 세대들은 0원 처리된 세대의 난방비까지 부담해야 한다.

권익위는 이러한 비리를 방지하기 위해 입주자가 관리비를 비교할 수 있도록 다른 단지의 동일 평형 아파트의 최고, 최저 및 평균치를 알려주도록 했다. 예컨대 A아파트 32평 난방비가 10만 원이라면 그 옆의 B아파트 32평은 얼마가 나오는지를 알려주는 것이다. 이를 통해 입주민 스스로 관리비의 이상 여부를 확인할 수 있게 했다.

아울러 공사를 계약할 때 투명성을 높이기 위해 예정가격과 입찰 최고가격을 공고하도록 하는 방안도 포함됐다. 이는 업체가 입찰가격을 부풀려 비용을 증가시키는 문제를 차단하기 위한 조치다. 관리비를 연체할 때 연 15~20%의 고금리를 부과하는 것은 과도하다고 보고, 12% 수준으로 낮추도록 권고했다.

아파트 관리에서의 문제를 해결해나가는 방법 중의 하나는 입주민들이 관심을 가지고 지켜보는 것이다. 주민회의 등을 할 때 적극적으로 참여해 의견을 개진하고, 불합리한 점을 개선해나가도록 해야 한다. 이때 입주민 '갑질'이 되지 않도록 정중한 태도를 취하여야 한다.

우리나라의 아파트 거주 비율은 계속 상승하고 있다. 2020년 처음으로 52%를 넘긴 이래 60%까지 오르고 있다. 그만큼 아파트는 이제 우리 삶의 동반자가 되었다. 그 아파트의 관리, 유지는 매우 중요한 일이 되었으며 투명하고 공정한 관리가 되어야만 입주민은 물론 국민 전체가 행복한 삶을 누릴 수 있다. 그 과정에서 관리 투명성을 높이기 위한 권익위의 활동은 큰 역할을 했다는 평가를 받는다.

아이들에게 주는
따뜻한 밥 한 끼

하루에 세 끼를 먹지 못하는 사람들이 의외로 많다. 일부러 먹지 '않는' 것이 아니라 먹고 싶어도 먹지 '못하는' 것이다. 그 이유는 대부분 돈이 없기 때문이다. 어른에게도 삼시세끼는 매우 중요하며 특히 어린이와 청소년에게는 더더욱 중요하다. 의사들은 식사의 양을 줄이더라도 하루에 3끼의 식사를 하는 것이 매우 중요하다고 말한다.

그런데 경제적 어려움이나 부모가 돌보아주지 못해 끼니를 거르는 어린이가 전국적으로 30만 명이 넘는다. 2023년 우리나라 출생아는 23만 명이었다. 1년에 태어난 아이들 전부가 밥을 먹지 못한다는 뜻이다. 이 숫자는 우리 모두에게 부끄러움과 동시에 의구심을 품게 한다. '세계 10대 경제대국'이라고 정

따뜻한 한 끼는 우리사회가 아이들에게 책임져야할 최소한의 도리다.
어린이들의 건강과 존엄을 지켜주는 배려는 어른의 책임이다.

부와 언론에서는 홍보하고 있는데 밥을 제대로 먹지 못하는 아이들이 30만 명이나 된다고? 도대체 무엇이 잘못된 것일까?

따뜻한 밥 찾아 거리 헤매는 아이들… 급식 지원대상 아동 30만 명

보건복지부 〈2022년 결식아동 급식 업무 표준매뉴얼〉을 보면 2021년 기준 급식 지원대상 아동 수는 30만 2,231명이다. 2015년 42만 명에서 2016년 38만 명, 2017년 36만 명 등으로 해마다 줄고 있지만, 여전히 30만 명이 넘는 아이들은 끼니를 제대로 해결하지 못하고 있다. 급식 지원 대상은 만 18세 미만의 취학 또는 미취학 아

동으로 △결식 우려가 있는 수급자, 차상위, 한부모 등의 아동 △결
식이 발견 또는 우려되는 아동 △아동복지프로그램 이용 아동이다.

— 〈가톨릭평화신문〉 2022년 11월 9일

아이들이 제대로 된 식사를 하지 못하는 문제는 여러모로
우리에게 심각성을 안겨준다. 아이들의 굶주림은 복지가 부족
한 것이 아니라 사회의 품격과 책임의 문제이다. 나아가 국가
에게 화살이 돌아가게 된다.

굶는 아이가 없도록 하기 위해 그동안 국가와 지자체, 교육
부 등은 오랜 시간에 걸쳐 다양한 노력을 해왔다. 그러나 그
노력들이 빛을 발하지 못하는 경우도 적지 않았다. 즉 실제적
인 효과를 거두지 못하는 측면들이 있었다.

도시 전체가 아동 급식에 참여하는 분위기 조성

우리나라는 2005년부터 아동급식카드 제도를 시행하고 있
지만 이 제도가 잘 운영되지 못하는 사례들이 적지 않았다. 단
가가 낮고 가맹점이 부족해 실제로는 편의점 간식으로 끼니를
때우는 경우가 많았다.

일부 지역은 권장단가인 6,000원에도 미치지 못하는 낮은
수준의 급식비이고, 지역 간에도 가맹점 수가 차이 나는 바람
에 급식의 불평등이 심각했다. 어떤 지역은 가맹점이 많아 아

이들이 편하게 밥을 먹을 수 있는 반면 어떤 지역은 가맹점이 적어 아예 편의점에서 컵라면을 먹는 것이다.

또 다른 예로는 급식카드의 앞면 디자인을 들 수 있다. 보통의 체크카드와 확실히 다른 아동급식카드는 누구라도 그 아이가 '가난하여 굶주리는 아이'라고 생각하게 된다. 이는 매우 좋지 않은 결과로 이어진다. 아이가 급식카드 사용을 창피해하여 아예 밥 먹는 것을 포기하는 것이다. 한편으로는 가맹점 위치조차 알지 못해 제대로 이용하지 못하기도 했다. 이러한 사례들은 진즉에 해결했어야 할 사각지대였다.

나는 이러한 문제를 외면할 수 없었다. 권익위는 2023년 7월 전국 지자체의 급식 운영 실태를 면밀히 조사했다. 그리고 아동 급식단가의 최저기준을 명확히 지키고 아동급식카드 가맹점을 확대하도록 보건복지부와 지자체에 권고했다. 예컨대 대구의 이마트 푸드코트 협약, 세종과 창원, 통영의 교통카드 결합처럼 우수한 사례를 전국적으로 확산하도록 했다.

인터넷에 가맹점을 안내하여 아이들이 손쉽게 이용할 수 있게 했으며, 급식카드 디자인을 일반 체크카드와 동일하게 만들어 나누어주었다. 다른 사람들이 보았을 때 보통의 체크카드로 알게 한 것이다. 가난하여 굶주리는 아이라는 생각이 들지 않게 하여 편안하게 이용할 수 있도록 했다. 이른바 사회적 낙인을 줄이고, '착한 음식점' 등 가맹점 표시를 도입해 도시 전체가 아동 급식에 참여하는 분위기를 조성했다. 나는 아동급식카드 가맹점 식당들을 직접 방문하여 착한 음식점 사장님에게 감사함을 표했다. 아이들이 마음 편히 식사를 할 수 있는 분위기를 조성하도록 노력했다.

이 결정은 행정 지시가 아니라 아이들의 마음과 존엄을 지켜주는 따뜻한 배려였다. 권익위의 권고를 계기로 전국 지자체는 급식단가를 현실화하고, 보다 많은 음식점이 가맹점으로 참여했다. 그 결과 아이들이 더 이상 편의점 간식이 아닌 따뜻한 밥 한 끼로 든든하게 하루를 지낼 수 있었다.

"어린이는 나라의 미래"라는 말은 지금 우리에게 매우 중요하다. 그 어린이들이 밝고 건강하게 자라 대한민국의 미래를 이끌어갈 수 있도록 지원을 아끼지 않아야 한다. 이 사례는 복지정책의 사각지대를 개선한 정의로운 행정의 승리이자, 사회적 약자를 위한 국가의 책임이 다시 살아난 감동적인 변화로 남게 되었다.

모두가 안전하게 일할 수 있는
산업 현장이 되어야

"○○아파트 건설 현장에서 작업을 하던 인부가 10층 아래로 추락해 사망했습니다."

"공장에서 일하던 근로자가 기계에 끼여 사망하는 일이 발생했습니다."

"정화조 청소를 하던 작업자가 질식하여 사망하였습니다."

우리가 사나흘에 한 번꼴로 접하는 뉴스이다. 이른바 산업 현장에서의 재해, 즉 안전사고는 끊임없이 일어난다. 뉴스에 보도되지 않는 것이 더 많다는 주장도 있다. 공사장에서 팔이 절단되거나 공장에서 다리가 절단되는 뉴스까지 보도한다면 24시간으로도 모자랄 것이라고 비판적으로 말하는 사람도 있다.

최근 산업 현장의 재해는 중요하면서 심각한 사회적 이슈로 등장했다. 건설현장, 공장, 물류창고, 조선소 등 분야를 가리지 않고 발생하는 산업재해는 인명 피해는 물론 경제적으로도 악영향을 끼치고 있다. 사흘에 한 번꼴이 아니라 사실상 거의 매일 산업재해 뉴스가 보도되고 있다 해도 과언이 아니다.

산업재해는 〈산업안전보건법〉에서 "노무를 제공하는 사람이 업무에 관계되는 건설물·설비·원재료·가스·증기·분진 등에 의하거나 작업 또는 그 밖의 업무로 인하여 사망 또는 부상하거나 질병에 걸리는 것"을 말한다.

누구라도 일을 하다가 사망 또는 부상을 입거나 질병에 걸리는 것을 방지하기 위해 역대 정부는 많은 노력을 기울였다. 법을 보완하고 처벌을 강화하지만 산업재해는 쉽게 줄어들지 않고 있다. 2021년 12만3천, 2022년 13만, 2023년 13만7천 명으로 갈수록 늘어나는 추세이다.

나는 1년에 천만 건 이상의 민원이 제기되는 사항을 분석하여 국민들이 가장 불편해하는 고충을 데이터로 구축했다. 이를 순서대로 지역별·연령별·직군별로 분류했다. 2022년부터 국민신문고의 민원 빅데이터를 분석해 각 기관에 보내는 '민원예보'를 발령했다. 민원 예보는 국민들이 제기하는 민원 전부를 항목별로 분류하여 지금 어떤 분야가 가장 심각한지를 예보하는 것이다.

예컨대 어느 지역에서의 공사현장에 대한 민원이 지속적으로 들어오면 그 공사장에 그 사실을 알려주는 민원 예보를 발령해 미리 예방하도록 한다.

그런데 산업재해 관련 민원이 3년 사이에 3배 이상 급증했다. 특히 산업재해 위험 신고, 중대재해처벌법 질의, 보험급여 심사 지연 등에 대한 민원이 집중되었다.

산업 현장에서의 안전관리와 행정 대응에 대한 국민의 불신이 커지고 있는 것이었다. 나는 관계기관에 신속하고 적극적인 대응을 주문하면서 "국민의 생명과 노동권을 지키는 것은 행정의 최우선 책무"라고 강조했다.

산업재해는 통계가 아니라 생명

권익위 분석에 따르면 2019년 1월부터 2022년 9월까지 '산업재해' 또는 '중대재해' 관련 민원은 18,869건으로, 매년 40% 이상 증가했다. 주된 내용은 ▲현장 안전조치 미비 ▲중대재해처벌법 적용 범위 ▲산재보험급여 심사 지연 및 불만 ▲산재피해 후 부당 대우 등으로 다양했다.

예컨대 "○○동에서 3층 건물을 짓고 있는데 작업자들이 안전모를 쓰고 있지 않다, ○○마트의 2층 계단 출입구에 박스가 쌓여 있다"는 생활 민원에서부터 "작업 중에 부상을 당했는데 사장이 퇴직을 강요한다"는 고충까지 여러 분야에 걸쳐 있다.

나는 실제 산업현장에 나가 실태를 면밀히 들여다보았다.

산업현장의 비극은 제도의 미비와 근로자에 대한 인식에서 비롯됐다.

안전관리자 미배치, 보호구 미착용, 불법 용접작업 등 위험하게 일하는 근로자들이 적지 않았다. 지하나 밀폐된 창고 등에서 일하기 전에는 반드시 환기를 시키고, 보호구를 착용한 뒤 일하라는 지침은 수년 전부터 내려졌다. 그럼에도 그 지침을 지키지 않아 질식사하는 사람들이 늘어나고 있다.

산재를 당하는 사람이 많은 만큼 보상이 늦어져 생계에 어려움을 겪는 피해자들의 호소도 끊이지 않았다. 특히 근로복지

공단의 심사가 늦어지고 사업주가 산재를 숨기거나 "사소한 일이었다"고 축소하는 일도 많은 것은 산업 현장의 고질적 문제로 지적되었다.

근로자가 작업을 하다가 다치거나 죽음에 이르는 것은 그 근로자 자신을 포함해 가족, 사업주에게도 큰 불행이다. 그 불행을 막는 방법은 모두가 안전책임자라는 책임의식을 가지고 일을 하는 것이다. 아울러 국가는 그 책임의식을 뒷받침해주어야 한다.

권익위는 민원 예보를 통해 ▲산재 예방을 위한 현장 점검 ▲산재보험급여 심사 신속화 ▲중대재해처벌법 기준 명확화 ▲산재 신고 근로자에 대한 불이익 금지를 당부했다. 또한 국민이 산업재해 민원을 제기할 때 불필요한 절차 없이 빠르게 처리될 수 있도록 했다.

산재에 대한 경각심을 일깨우고 사고 발생을 줄이기 위해 나는 "산업재해는 통계가 아니라 생명입니다. 노동자가 안전하게 일할 권리를 보장하기 위해 관계기관이 책임 있게 대응하고, 모든 현장에서 안전문화가 뿌리내리도록 지속 점검하겠습니다"라고 다짐했다.

그러나 이러한 권고가 적극 수용되어 현장에서 이행되기는 쉽지 않다. 안전불감증, '설마 나에게 사고가 일어날까?'라는 안이한 생각, 정해진 점검의 생략 등 여러 요인이 있다. 산업 현장에서의 안전 준수는 법이나 규정의 차원이 아니라 스스로가 지켜야 할 기본이다. 이 기본이 잘 지켜져 누구나 안심하고 일할 수 있는 사회가 되어야 한다.

내륙보다 비싼
섬마을 택배비 인하 조정

핸드폰, 오토바이 배달, 유튜브 등은 이제 현대 한국인에게 없어서는 안 될 생활의 필수 요소가 되었다. 또 하나의 중요 요소는 '택배'이다. 대도시에 사는 30대 직장인 중에는 하루에 5건 넘는 택배를 집과 직장에서 받기도 한다. 이제 1달에 서너 번 이상 택배를 받지 않는 사람을 찾아보기란 매우 어렵다.

매년 11월이면 시골에서 담근 김장김치가 도시로 배달되고, 제주도 감귤도 택배를 통해 전국 각지로 보내진다. 물품을 배달하는 시스템이라기보다 삶의 동반자가 된 것이다. 나 역시 사무실과 집에서 수시로 택배를 받는다. 택배를 받을 때마다 그것을 보내주는 사람과 전달해주는 사람에게 고마움을 느낀다.

만약 택배가 멈추면 대한민국의 경제도 동시에 멈출 만큼 택배는 필수불가결이 되었다. 그런데 이토록 중요한 택배가 불평등한 요소를 안고 있다는 사실을 우리 모두는 잘 안다. 어떤 물건을 인터넷에서 구매할 때 '섬 지역은 요금이 더 붙는다'는 안내문구를 익히 보아왔기 때문이다.

그러면서도 자신이 섬에 살지 않거나 섬으로 택배를 보내는 경우가 거의 없기에 나에게는 불리한 조항이 아니며, 상관없다는 인식을 가지고 있었다. 반면 섬에 사는 주민들은 내륙보다 평균 3~5배 이상 비싼 택배비를 부담하며 오랜 기간 생활물류의 불평등 속에 놓여 있었다.

대한민국 영토에서 똑같은 대한민국 국민으로서 단지 섬에 산다는 이유만으로 차별을 받는 것이다. 택배를 보내는 상자가 아주 크거나 무겁다면 요금을 더 내는 것은 당연하다. 그러나 똑같은 크기의 상자를 섬에 보낸다는 이유로 더 많은 요금을 받는 것은 불합리하다.

예컨대 우리는 서울에서 서울로 일반 편지를 보낼 때 430원짜리 우표를 붙인다. 그런데 서울에서 거제도로 보낸다 하여 1,000원의 우표를 붙이지는 않는다. 똑같이 430원짜리 우표를 붙인다. 대한민국 영토 안에서는 동일한 요금이 적용되는 것이다. 이 배송요금이 지역에 따라 다르다면 공정과 공평의 원칙에 어긋난다.

코로나19 이후 인터넷으로 물건을 구입하는 사람들이 늘어나면서 택배 이용도 급증했다. 그러나 섬마을처럼 교통이 불편하고 행정 관리의 사각지대로 인해 추가배송비·자동화물비 등 불합리한 요금이 관행처럼 붙었다. 심지어 다리가 놓여 섬이 아닌 곳에서조차 도선료 명목의 요금을 더 내야 했고, 통신판매 업자마다 요금이 제각각이라 똑같은 상품의 택배비가 2배에서 5배까지 차이 나는 불합리한 현실이 지속됐다.

섬 지역 생활물류의 형평성이 한층 강화되다

권익위는 이러한 섬 지역의 비싼 택배비로 인한 불평등 문제를 개선하기 위해 2022년에 1년 넘게 섬 지역을 다니며 실태를 조사했다. 나는 똑같은 대한민국 국민으로서 어떤 사람은 5천원을 내고, 어떤 사람은 8천원을 내는 불합리한 현실을 바로잡고 싶었다. 섬을 다니는 여정은 매우 힘들고 복잡했으나 나를 포함한 권익위 직원들은 묵묵하게 맡은 일을 해냈다.

섬마을 주민들은 기다렸다는 듯 불만을 쏟아냈다. 육지에 사는 자녀들이 택배를 보낼 때 비싼 요금을 부담하는 것이 마치 자신의 잘못이라는 생각이 들어 미안하다는 마음부터, 섬의 특산물을 친지들에게 보낼 때 택배비가 더 비싸다는 의견까지 다양했다. 주민들이 제기한 여러 문제들을 종합하여 관계기관·전문가·주민들과 간담회를 거쳐 근본적인 개선 방안을 마련하기로 했다.

행정안전부에 섬 지역 실태조사를 정기적으로 실시해 국가통계로 관리하도록 하고, 국토교통부에는 생활물류서비스 평가 항목을 새로 만들어 요금 기준의 투명성을 높이도록 권고했다. 또한 법적 근거 없이 관행적으로 책정되던 자동화물비 제도에 대해 해양수산부에 폐지 또는 왜 그렇게 요금을 받는지 명확히 하도록 요구했다. 나아가 공정거래위원회에는 전자상거래 기업의 과다한 추가배송비 청구를 금지하고 구체적 사례를 명시하도록 권고했다.

이 제도개선이 현실화되면 섬 주민들의 택배비 부담이 실질적으로 줄어들고, 생활물류의 형평성이 개선될 것이었다. 권익위의 조치는 '생활물류도 복지'라는 인식 전환을 끌어냈으며, 물류 사각지대에 놓였던 섬 주민들의 삶의 질을 높이는 전환점이 되었다. 더불어 관계부처와 지자체의 협업으로 국가가 국민의 일상과 생계를 세밀하게 살피는 행정의 본래 책무를 되찾게 될 것이다.

그러나 여전히 현실은 권익위의 제도개선 의지대로만 되지 않았다. 약간의 개선은 있었지만 여전히 섬 지역 주민들은 상대적으로 비싼 택배 요금을 부담하고 있다. 실제 바다를 건너는 물류비용과 인건비라는 섬 지역 택배 비용이 갖는 한계 때문이다.

지금 이 시각에도 전국 각지에서는 택배 차량들이 도로를

달리고 있다. 한편으로는 택배가 빨리 도착하기를 기다리는 사
람들도 많다. 그 안에 담긴 물품은 생활에 활력을 주고, 행복을
주고, 기쁨을 준다. 나아가 우리나라 경제를 발전시킨다. 그토
록 큰 역할을 하는 택배를 전 국민이 공평하게 이용할 수 있는
것은 매우 중요하다.

소외된 곳을 찾아
사람의 가치를 회복시켜

| 양육수당·출산지원금 | 아이가 정당한 혜택을 누리지 못하는 일이 없어야

| 노인 학대 근절 | 어르신을 존중하고 보호하는 사회를 위해

| 혈우병 소아 치료 | 고통의 치료를 끝내고 희망을 주는 손길

| 한센인 권익 증진 | 고립이 아니라 존엄과 회복으로 나아가는 길

| 영문英文 병적증명서 | 70년의 기다림 끝에 미국 조지아주의 참전용사로 인정

| 시각장애인 점자點字 문서 | 장애인들이 더 편안하게 일상을 누리도록

아이가 정당한 혜택을
누리지 못하는 일이 없어야

현재 우리나라 정부와 지자체는 저출산을 극복하기 위해 다양한 일을 하고 있다. 저출산 고령화는 대한민국이 안고 있는 심각한 문제 중에서도 가장 심각한 사안이라 할 수 있다. 이 문제를 해결하기 위한 방법 중의 하나가 양육비를 지원하는 것이다. 부모들에게 실질적으로 도움을 주어 출산율을 높이기 위해 노력하고 있다.

현재 아동수당으로 만8세 미만 아동에게 월 10만 원을 지급하고, 양육수당으로 만2세~미취학 아동 중 가정에서 양육하는 아동에게 월 10만 원을 지급한다. 이와 별도로 각 지자체는 지역 주민이 자녀를 출산했을 때 출산축하금을 비롯해 양육에 따르는 비용을 여러 방식으로 지원하고 있다.

그런데 어찌된 일인지 이 비용과 관련된 민원이 갈수록 늘어나는 추세이다. 2017년 1,633건이었던 불만·불편 민원이 2020년에 2,082건으로 늘어났고 2021년에는 2,564건이나 되었다. 5년 사이에 931건이나 증가한 것이다. 이는 지원을 받을 수 있는 상황임에도 받지 못하고 있는 사람이 많다는 뜻이다.

구체적으로 보면 경제적 어려움으로 계좌가 압류돼 양육수당을 받지 못하던 가정, 이사나 조기 출산으로 출산지원금 지급 요건을 놓친 부모들이다. 분명 아기를 낳고 기르고 있음에도 정당한 지원을 받지 못하는 것은 매우 잘못된 현실이다. 권익위는 저출산 위기 속에서 양육수당·출산지원금과 관련된 불합리한 규정을 정비하도록 2022년 12월, 보건복지부와 전국 지방자치단체에 제도개선을 권고했다.

예를 들어, 자녀를 집에서 돌보거나 어린이집에서 퇴소하면 양육수당을 신청해야 수당을 받을 수 있다. 〈영유아보육법〉 제34조의2 제1항에는 "어린이집, 유치원(특수학교 포함), 종일제 아이돌봄서비스 등을 이용하지 않고 가정에서 양육되는 영유아로서 초등학교 미취학 24개월 이상~86개월 미만인 아동은 양육수당을 지원받을 수 있다."

또한 "위 요건을 충족하면서 장애인으로 등록된 영유아에게는 장애아동 양육수당이, 위 요건을 충족하면서 농어촌 지원 자격 요건을 갖춘 영유아에게는 농어촌양육수당이 지원된다."

그러나 이 규정을 알지 못해 수당을 받지 못하는 사례가 빈번했다. 어머니들이 양육에 관한 모든 규정을 알기는 사실상 어렵다. 그래서 권익위는 어린이집을 퇴소하면 반드시 보호자에게 '양육수당을 신청해서 그 비용을 받으라'는 내용을 문자메시지sms로 안내하라는 취지의 제도개선을 권고했다.

최근 5년간 관련 민원이 2배 가까이 증가한 현실을 반영한 이 조치는, 행정의 빈틈으로 인해 보호받지 못한 가정을 다시 제도권으로 끌어들이는 세밀한 조정이었다.

저출산을 극복하는 디딤돌이 될 수 있도록

권익위는 먼저 양육수당과 아동수당 제도의 4가지 개선 방안을 제시했다.

첫째, 계좌가 압류돼 수당을 받지 못하는 저소득층을 위해 '압류방지 전용계좌'를 통한 지급 근거를 〈영유아보육법〉에 신설했다. 둘째, 어린이집을 퇴소했을 때 양육수당 신청 안내를 문자로 통보하도록 했으며, 셋째, 천재지변 등 부득이한 사유의 기준을 명확히 규정해 소급 지급의 혼선을 줄이도록 했다. 넷째, 장기 해외 체류 후 귀국한 아동에게는 입국한 달부터 즉시 지급되도록 조정해 형평성을 높였다.

출산지원금 역시 3가지 보완책이 마련되었다. 출산지원금은 일반적으로 △자녀의 아버지나 어머니가 지자체에 거주하면서 출산하고, △출산일을 포함해 앞뒤로 일정 기간 그 지자체에 거주하고 있어야 지급된다. 그런데 그곳에 거주하면서 출산했는데도 위 요건이 충족되지 않아 지원금을 받지 못하는 경우가 빈번하게 발생했다.

이 문제를 해결하기 위해 권익위는 제도개선을 마련했다. 첫째, 출산예정일보다 이르게 출산해 전출입 지자체 어디에서도 요건을 충족하지 못한 경우가 생기면 새로 이사한 지자체가 지원금을 지급하도록 했다. 둘째, 출산을 위해 해외로 출국한 다문화가정도 기존 주소지에 주민등록이 있었다면 귀국 후 출생신고를 하면 지원받을 수 있도록 했다. 셋째, 출생신고 시에 출산지원금 안내를 의무화해 신청 기한을 놓쳐 지원을 받지 못하는 사례를 방지하도록 했다.

이 제도의 시행을 앞두고 나는 "복지제도는 단 한 사람도 행정의 사각지대에 남겨두지 않는 것이 목표입니다. 국민의 삶 가까이에서 제도를 세밀하게 설계하는 것이 진정한 적극행정입니다"라고 강조했다. 권익위의 권고로 출산과 양육의 경제적 부담을 덜고 나아가 저출산을 극복하는 디딤돌이 될 것으로 평가된다.

어르신을 존중하고
보호하는 사회를 위해

우리나라는 서구와 달리 수천 년 전부터 효와 노인 공경의 전통이 있다. 효孝라는 영어 단어가 없다는 것만으로도 동양과 서양에서의 어르신을 대하는 차이를 알 수 있다. 그런데 언제부턴가 우리나라에서 노인에 대한 폄하와 무시 그리고 학대가 증가하고 있다. 사전에조차 없었던 '노인 학대'라는 단어가 언론에 자주 등장하고, 사회적 이슈가 된 것은 슬프면서도 안타까운 현실이 아닐 수 없다.

노인은 특별하거나 특수한 사람이 아니다. 자연의 현상에 따라 나이를 먹어가면서 노인이 될 뿐이다. 이는 모든 사람에게 반드시 찾아오는 자연의 법칙이다. 그러므로 언젠가는 자신도 노인이 된다는 것을 잘 알면서도 노인에게 공손하지 못한 사람, 노인을 무시하는 사람은 자연의 법칙에 어긋나는 행동을 하는 것이다.

우리나라 〈노인복지법〉에서는 노인을 65세 이상으로 규정한다. 세계보건기구WHO를 비롯한 여러 나라에서도 65세가 기준이다. 전체 인류의 평균연령이 높아지고 100세 시대가 정착된다면 노인의 기준도 70세 혹은 75세로 높아질 것이다. 중요한 것은 노인의 기준 연령이 아니라 노인을 대하는 마음가짐이다. 노인을 공경해야 할뿐더러 노인 학대를 철저히 방지해야 한다.

'노인 학대'는 노인에 대하여 신체적·정신적·정서적·성적 폭력 및 경제적 착취 또는 가혹행위를 하거나 유기 또는 방임하는 것을 말한다(〈노인복지법〉 제1조의2 제4호). 나아가 법률에서는 노인 학대를 엄격하게 처벌한다. 꼭 법률의 규정이 아니더라도 노인을 학대하는 것은 그 자체로서 비인간적 행위이다.

2021년 노인보호전문기관이 가정 내 학대로 판정한 1,883건 중 수사 의뢰나 고발로 이어진 사례는 단 10건, 0.5%에 불과했다. 학대를 당한 어르신이 자신의 가족(배우자 혹은 자녀)을 차마 고발하지 못하기 때문이다. 이를 잘 아는 가족의 학대 혹은 방치는 계속될 확률이 높다. 노인을 학대한 사람은 아들이 35% 내외, 배우자가 27% 내외, 딸은 8%이며 심지어 손자녀에 의한 학대도 2.3%나 되었다.

현행 지침에서 '피해자가 처벌을 원하지 않으면 고발하지 않는' 관행이 이어지면서 장기간 반복되는 폭행·감금·협박도 방치되었다. 배우자나 자녀에 의한 폭력이 수년 동안 지속되어도 처벌은커녕 보호조차 제대로 이루어지지 않았다. 노인을 돌봐야 할 가정이 오히려 가장 위험한 공간이 되고, 행정기관은 절차의 틀 안에 갇혀 도움을 주지 못하는 현실이었다. 이는 사회적 양심이 멈춘 자리이자 제도의 사각지대였다.

학대받은 노인이 침묵하더라도 국가가 먼저 움직이도록

권익위의 조사에 따르면 A씨는 5년이 넘게 매주 부모를 발로 차거나 주먹으로 때려 상해를 입혔다. B씨는 5년 이상 매일 부모를 폭행해 눈과 손등, 머리, 엉치 등에 상해를 입히고, 칼이나 가위 등 흉기로 위협했다. 옷을 모두 벗긴 후 이불을 뒤집어 씌워 물을 붓기도 했다.

그런데 이러한 가해자들에 대한 경찰 조사가 이뤄지지 않거나 한참 후에야 조사하는 경우가 적지 않았다. 보건복지부 고시에 따르면 노인학대 신고를 접수하면 노인보호전문기관은 늦어도 48시간 이내에 현장 조사를 실시해야 한다. 그러나 2020년 발생한 노인요양원 등 시설 내 노인학대 사건의 38.9%는 72시간을 지난 시점에 현장조사가 실시됐다. 조사에 걸린 평균 기간은 8.4일이다.

권익위는 이러한 구조적 문제를 정면으로 마주했다. 전국 노인보호기관의 실태를 면밀히 조사한 결과 학대 판정 후에도 수사 의뢰가 늦어지거나 이루어지지 않는 관행을 밝혀냈다. 이를 바탕으로 〈노인학대 대응체계 실효성 강화 방안〉을 마련하여 보건복지부에 개선을 권고했다. 핵심은 피해자의 의사에만 따르지 않고, 학대의 중대성·지속성을 기준으로 고발을 의무화하는 것이다.

또한 현장조사는 신고 접수 후 48시간 이내에 반드시 이루어지도록 하고, 지연 조사에 대한 관리·감독 체계를 마련했다. 아울러 학대 행위자의 취업을 제한하는 기관을 넓히고 노인시설 평가 항목에 학대 발생 여부를 포함하도록 했다.

권익위의 권고 이후 노인학대 사건은 더 빠르고, 더 책임감 있게 재정비되었다. 이제는 피해 노인이 침묵하더라도 국가가 먼저 움직이는 안전망이 만들어졌다. 이는 단순한 행정 개선이 아니라 늙어도 존엄하게 살 권리를 회복시키는 변화였다. 노인 요양시설과 돌봄기관의 관리 수준도 한층 높아져 학대 예방과 재발 방지의 효과가 기대된다.

우리의 부모는 모두 노인이 된다. 자신의 부모를 존경하고 사랑하는 사람은 다른 노인도 존경하고 사랑한다. 더욱 잘 알고 있듯이 자신 역시 노인이 된다. 그 노인이 국민의 한 사람으로 자신의 뜻에 따라 행복하게 살아갈 수 있도록 해야 한다.

노인이 행복한 사회가 진정한 선진국이다.
어른들에게 손을 내밀 때 행복은 성큼 다가온다

노인의 인격과 권리를 높여준 권익위의 조치는 '약자의 목소리를 제도가 대신 하는 나라'로 나아가는 출발점이었다. 한 사람의 국민이 나이가 들어 노인이 되어도 국가가 곁에 있다는 신뢰, 그것이 바로 권익위가 세운 가장 값진 성과였다.

고통의 치료를 끝내고
희망을 주는 손길

혈우병血友病, Hemophilia은 넓은 의미로는 "혈액이 적절하게 응고되지 않는 질환"을 뜻한다. 우리가 보통 아는 것처럼 몸에 상처가 생겨 피가 흐를 때 그 피가 멈추지 않는 것을 말한다. 심한 경우에는 상처가 나지 않았는데도 관절이나 근육 내부에서 출혈이 일어날 수도 있다.

나는 치과의사 출신 변호사로 일하던 때 혈우병 환자들의 AIDS 집단 감염 사건을 맡아 10년 넘게 법정 소송을 벌였다. 그러하기에 혈우병이 주는 고통을 잘 알고 있었다. 피가 멈추지 않는 것에 그치는 것이 아니라 관절 변형, 만성 통증, 빈혈로 이어지고 내부 출혈은 생명을 위협하기도 한다.

혈우병은 특히 어린이에게 심한 아픔과 정신적 상처를 준다. 어린이가 혈우병 진단을 받으면 우선 면역관용요법免疫寬容療法, Immune Tolerance Induction을 시행한다. 어린 아이들에게 일주일에 서너번씩 정맥을 찾아 혈관주사를 놓는 것이다. 문제는, 이 요법이 매우 고통스럽다는 점이다. 병을 고치기 위한 방법이 아니라 매주 여러 차례 정맥주사를 맞으며 수년을 버텨야 하는 인고의 시간이다. 특히 나이가 어리고 혈관이 약한 어린이에게 이 치료는 엄청난 아픔을 준다.

또다른 혈우병 치료제로 '헴리브라Hemlibra'라는 치료제가 있다. 헴리브라는 근육주사로 맞을 때 거의 고통이 없고 치료의 효과가 탁월하다. 그러나 건강보험이 적용되지 않는다. 이 약은 용량에 따라 228만 원에서 1,140만 원까지 이른다. 우리가 보통으로 생각하는 약값을 훨씬 뛰어넘는다. 연간 치료비는 1억 원이 넘는 셈이다.

부모의 선택은 둘 중 하나이다. 경제적 여유가 있다면 1천만 원짜리 약을 구입하는 선택이 있고, 그렇지 못하면 아이에게 고통스러운 혈관주사인 면역관용요법을 계속 받게 해야 한다. 1천만 원짜리 약을 여러 번 구입하는 것은 사실상 매우 어렵다. 그렇기 때문에 대부분의 부모는 아이의 눈물을 지켜보며 고통을 함께 나눌 수밖에 없다.

가장 좋은 방법은 헴리브라에 보험을 적용하여 저렴한 가격으로 구입할 수 있게 하는 것이다. 그러나 그렇지 못했기에 혈우병 아이들의 고통은 제도의 경직에서 비롯된 눈에 보이지 않는 사회의 상처였다. 나를 찾아와 헴리브라 치료제의 보험적용을 간절히 호소하는 엄마의 눈물을 외면해서는 안 되었다.

의료인으로서의 지식과 경험을 쏟아부어 어린이의 고통을 없애고 부모의 부담을 줄이는 일에 뛰어들었다. 2023년 권익위는 영국, 호주 등 해외 선진국 사례와 의학적 근거를 면밀히 검토하여 해외 사례에서 보험적용이 가능한 논리를 찾아냈다. 보건복지부와 건강보험심사평가원에 "면역관용요법을 거치지 않아도 헴리브라의 보험 적용이 가능하도록 기준을 재검토해달라"고 건의했다. 의료인인 내가 권익위원장이 아니었다면 어쩌면 문제 해결에 나서기 어려운 사안이었다.

수년 동안의 고통과 매년 수천만 원의 치료비 부담에서 벗어나

당시 〈2019 혈우재단백서〉에 따르면 국내 A형 혈우병 환자는 총 1,746명이었으며 그중 중증 환자는 1,259명(72.1%)이었다. 나는 권익위 위원장이기 이전에 의료인으로서 환자가 겪는 고통을 최대한 줄여야 한다는 점을 강조하며 환자 가족들의 고충을 제도개선으로 연결시켰다.

그 결과 보건복지부와 심평원은 권익위의 권고를 받아들였다. 관련 규정을 개정해 면역관용요법을 거치지 않아도 헴리브라를 건강보험으로 처방받을 수 있는 길을 열었다.

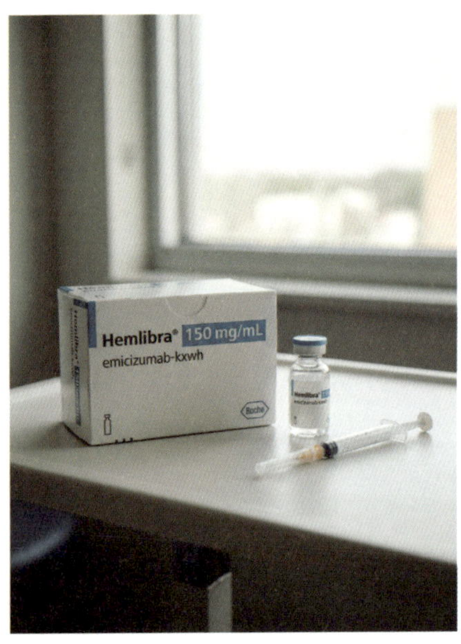

고가의 치료제, 헴리브라.
국민의 건강의 최종적인 책임자는 국가다.

언론에서도 이 결정을 크게 환영했다. 〈약사공론〉은 '헴리브라 급여 확대, 비항체 혈우병 환자들 안도'라는 제목의 기사에서 "그동안 연간 9000만원의 비싼 가격으로 헴리브라를 투약할 수 없었던 비항체 A형 혈우병 환자들도 앞으로 치료 기회가 열렸다. ○○제약은 심사평이 개최한 약제급여평가위원회 심의 결과 헴리브라가 급여 적정성을 인정받았다"고 보도했다.

또 〈복지뉴스〉에서도 "혈우병 환자 시름 덜었다… 고가 치료제 헴리브라 건보 급여 확대 – 고가 약제인 혈우병 치료제 '헴리브라'의 건강보험 급여 인정 대상이 비항체 환자로까지 확대된다. 건강보험심사평가원에 따르면 제2차 약제급여평가위원회는 심의를 통해 헴리브라의 건강보험 급여 확대를 인정하기로 결정했다"고 보도했다.

건강보험 결정으로 혈우병 소아 환자들은 더 이상 수년 동안의 고통스러운 치료를 받지 않아도 되고, 매년 수천만 원에 이르는 치료비 부담에서도 벗어났다. 헴리브라 건강보험이 만 1세 이상의 혈우병 환자까지 가능했기 때문이다.

권익위의 노력으로 결실을 맺은 이 조치는 환자와 가족의 절박한 호소를 따뜻하게 받아들인 생명 존중의 실천이었다. 처음에 나를 찾아와 호소한 한 어머니의 "이제 아이를 건강하게 키워 꼭 보답하겠다"는 말은 권익위의 존재 이유를 가장 아름답게 증명한 한마디였다.

국민의 눈높이에서 고통을 듣고 제도를 바꾼 이 사례는, 행정이 어떻게 국민의 삶을 구할 수 있는지를 보여주는 감동적인 순간으로 남았다.

고립이 아니라 존엄과 회복으로 나아가는 길

오랜 세월 사회의 차가운 시선과 정책의 사각지대 속에서 살아온 한센인들은 비위생적 환경과 차별로 인해 인간다운 삶을 누리지 못했다. 정착촌의 주거시설은 낡은 석면 건물이었으며, 폐축사와 쓰레기가 방치된 채 악취가 진동했다. 일부 마을은 의료시설조차 제대로 갖추지 못해 고령의 한센인들이 질병과 고통 속에 살아가야 했다.

한센병Hansen's Disease이라 부르기 이전에 우리는 '나병'癩病, leprosy이라 불렀다. 나는 이 단어를 접하면 한하운韓何雲의 시 '파랑새'가 떠오른다. "나는/나는/죽어서/파랑새 되어/푸른 하늘/푸른 들/날아다니며/푸른 노래/푸른 울음/울어예우리/나는/나는/죽어서/파랑새 되리." 나병 시인으로 널리 알려진 한

하운은 나병인의 애절한 삶을 노래한 시들을 여럿 발표했다.

그 당시와 지금은 상황이 많이 달라졌다. 질병의 명칭도 바뀌었으며 한센인들을 대하는 시각도 바뀌었다. 그럼에도 불합리한 부분은 여전히 남아 있다. 한때 질병의 공포로 낙인찍힌 이들이었지만 오늘날 그들의 삶을 외면하는 것은 사회의 잘못된 인식이다. 과거의 인식에 사로잡혀 한센인들을 다른 시각으로 보는 것은 분명한 차별이다.

권익위는 바로 이 오래된 상처에 국가의 손길이 닿도록 나섰다. 나는 위원장으로 취임하여 여러 민원을 살피던 중 3개월 전인 2020년 3월에 한센인들이 거주하는 마을의 열악한 현실을 개선해 달라는 집단 민원을 읽었다. 경북 경주의 한센인 마을인 희망마을의 41년의 한을 풀어달라는 안타까운 외침이었다.

한센병은 신의 저주라는 무서운 질병이 아니다. 현대 의학으로 감염을 막을 수 있으며 치료도 가능하다. 나는 2021년 12월, 대표적 한센인 정착촌인 경주 희망마을(희망농원)을 찾아갔다. 마을에 가까워졌다는 것을 눈이 아니라 코가 먼저 알아차렸다. 지독한 악취가 풍겼으며 무너지기 일보 직전의 낡은 집들이 낡은 슬라브 지붕 아래 돼지, 닭을 길렀던 폐사들과 참혹하게 엉켜 있었다.

과연 이곳이 대한민국의 한 마을인가… 믿을 수 없었다. 주민의 호소가 내 가슴은 물론 듣는 사람 모두에게 일말의 분노 심마저 안겨주었다.

"그동안 여러 차례 여러 곳에 열악한 주거 환경을 개선해달라는 민원을 제기했고, 도지사, 시장, 국회의원에게 호소했지만 여태 외면받고 있습니다. 그것이 41년이나 지났습니다."

나는 다른 곳의 한센인 정착촌은 과연 어떨까 의구심이 들어 전국에 걸쳐 실태조사를 했다. 82곳 한센인 정착촌의 실상을 조사하자 희망마을과 비슷하다는 것을 알게 되었다. 그동안 우리가 한센인들에게 너무 무관심했다는 것, 어쩌면 애써 외면해 왔다는 사실이 드러났다.

한센인은 국민의 한 사람으로서 행복하게 살아갈 권리가 있다

나는 곧바로 환경부·농림부·국토교통부 장관들을 비롯해 관련 지자체장들을 만나 머리를 맞대고 협의하여 〈한센인 권익보호 및 정착촌 환경·복지 개선 종합대책〉을 마련했다.

이 대책에는 첫째, 석면 건축물을 철거하고 폐축사를 정비하는 일에 국비를 지원하기로 했으며, 둘째, 양로주택의 생활여건 개선과 장기요양등급을 확대하고, 셋째, 기초생활수급자 기준을 완화시키고, 넷째, 정착촌 주민의 지방세를 감면하도록 했다.

나아가 지자체가 TF를 만들어 빈집을 정비하는 한편 취약 지역의 생활 여건을 개선하기로 했다. 환경부·농식품부·국토부·국가균형발전위는 이들 사업에 국비를 우선 사용하고 개인 부담을 줄이는 지원에 나섰다. 복지부는 기초생활수급자를 선정할 때 한센인은 부양의무자 기준을 면제하는 등 국가 책임을 확대하는 방안을 마련했다.

또한 한센인 피해 사건의 진상규명 및 보상 확대, 인식 개선과 차별 해소를 위한 법·제도의 개선도 함께 추진하도록 했다. 이 대책은 단순한 복지정책이 아니라 국가가 과거의 잘못을 인정하고 인간의 존엄을 회복시키는 역사적 전환점이었다. 한센인의 삶을 제도적으로 보호하기 위한 〈한센인 삶의 질 향상 및 정착촌 정비를 위한 특례법〉은 사회적 약자에 대한 책임을 실천하는 첫걸음이 되었다.

당시 언론들의 보도를 보면 한센인 지원 대책이 우리 사회에 던진 메시지가 매우 컸음을 알 수 있다. '가장 낮은 자리…한센인 인권 위한 종합대책 나왔다', '한센인 정착촌 환경 개선 나선다…범정부 종합대책 마련' 등의 제목에서도 한센인 지원이 절실했음이 입증되었다.

한센인은 한센병에 걸린 사람일 뿐이다. 어떤 질병에 걸렸다 하여 편견에 의해 그 사람을 배제하거나 소외시키서는 안된다. 한센병은 치료가 가능하며 전염도 예방된다. 그러므로 우리는 한센인들을 폄하하거나 편견의 시각으로 보아서는 안

된다. 그들도 우리처럼 한 명의 국민으로서 행복하게 살아갈 권리가 있다.

권익위가 추진한 한센인들의 삶의 개선과 지원정책은 '배제된 사람 없는 공동체'라는 공공윤리의 실현이었다. 한센인들의 삶은 더 이상 고립이 아닌 존엄과 회복의 이야기로 기록될 것이다.

70년의 기다림 끝에
미국 조지아주의 참전용사로 인정

미국 조지아Georgia 주에 거주하는 한국 교포들 중에는 한국 전쟁 참전용사들이 있다. 우리나라의 자유민주주의를 지키기 위해 70년 전 목숨을 걸고 전장터를 누빈 용감한 용사들이었다. 전쟁이 끝난 후 학업을 위해 혹은 해외에서 돈을 벌기 위해 미국으로 이주하여 정착한 교포들이다.

그런데 그들은 자신의 참전 사실을 미국에서 증명할 방법이 없어 오랜 세월 마음속에 서운함을 안고 살아왔다. 조국의 자유와 민주주의를 위해 군복무 중 전쟁을 치렀으나 그 사실을 증명할 방법이 없었다. 그들은 대부분 90세 전후의 고령으로, 한국 국적이 소멸되었거나 도움을 줄 수 있는 국내 친족과의 연락이 끊겨 참전 사실을 증명하기가 무척 어려웠다.

참전용사 동상.
국가를 위한 희생은 언제나 거룩하며, 그 명예는 보장받아야 한다.

20살 전후에 분명 국군으로서 계급장과 명찰을 달고 전장터에서 싸운 군인이었음에도 그 사실을 다른 사람들에게 입증할 방법이 없었다. 더구나 미국 조지아주는 2020년 8월 미국이 참전한 전쟁에서 함께 동맹군으로 활약한 미국 시민권자로 조지아주에 살고 있는 주민에게는 혜택을 주었다.

운전면허증에 참전군인 표식과 성조기를 새길 수 있도록 주법(주 하원법안 819호)을 개정하였다. 출신 국적을 떠나 미군과 더불어 참전한 용사들에게 그 공적을 새기도록 한 것이다. 참전용사로 조지아정부에서 공인을 받는 것은 그분들에게 큰 자부심과 명예였다.

그러나 조지아주에서 살아가는 한국의 참전용사들은 참전 사실을 주州정부에 입증하지 못했다. 우리 정부의 공식 증명서가 없어 혜택을 받지 못하는 역설적 상황이 생긴 것이다. 청춘 시절에 나라를 위해 목숨을 걸고 전장터를 누볐으나 그에 대한 보답이나 혜택을 누리지 못하는 안타까운 상황이었다.

그들은 한국의 외교부와 병무청, 보훈처 등 여러 기관에 전화로 문의하고, 편지를 보내고, 직접 방문하기도 했다. 꼭 어떠한 보상이나 큰 혜택을 받으려는 것보다 사실을 사실로서만 인정받기 원했다. 이는 당연한 요구이자 권리였다. 그러나 여러 방법으로 민원을 제기하고 하소연했으나 70년의 세월이 만든 서류의 공백은 쉽게 메워지지 않았다.

한국을 떠난 지 오래되어 옛 전우를 찾기도 어려웠고, 초중고 동창이나 고향 친구들 중에는 별세한 사람들이 많아 참전 사실을 증명해 줄 사람도 없었다. 가족 전체가 미국에 살기 때문에 한국의 친지들을 찾기도 쉽지 않았다. 이들의 사연은 '행정이 닿지 못한 곳에 남은 국가의 빚'이었다.

희생과 명예를 되돌려준 국가의 약속

어느 날 조지아주 교민 한 분으로부터 나에게 카톡으로 긴 장문의 편지가 왔다. 조지아주에 거주하는 한국인 참전용사들

의 참전 사실을 증명하는 일을 권익위원장이 도와달라는 내용
이었다.

나는 이 간절한 호소를 듣고 즉각 팔을 걷어붙였다. 해외에
거주하는 참전용사의 명예를 되찾는 일은 국가의 책임이었다.
사실을 사실로 증명하는 일을 미루어서는 안 되었다.

우선 조지아주의 참전용사들과 직접 통화하고 소통하며 사
실관계를 확인했다. 태평양을 가로지르는 전화 통화는 쉽지 않
은 일이었으나 꾸준히 진행을 했다. 이어 병무청·국방부·국가
보훈처 등 여러 기관과 협력해〈영문 병적증명서〉발급 절차를
신속히 마련했다.

그럼에도 한국전에 참전했다는 것을 증명하는 일은 쉽지 않
았다. 여러 기관의 경계를 넘어 추진한 결과 41명의 조지아주
한국 교포들의 참전 사실을 찾아냈다. 수많은 기록을 뒤져야
하는 인내심과의 싸움 끝에 얻은 소중한 결실이었다. 이 사실
이 기록된 영문 병적증명서가 발급되어 2021년 1월 전자우편
으로 조지아주에 전달되었다.

이로써 그분들은 미국 사회에서 당당히 'Korean War Veteran'
임을 증명할 수 있게 되었다. 조지아주의 재향군인회에 이 서
류를 제출해 오랜 민원을 풀어낼 수 있었다. 증명서를 받은 한
참전용사는 나에게 "어느 기관에게도 떳떳하고 자랑스럽게 나
의 참전 사실을 증명할 수 있게 되었습니다. 조지아주 '재향군

인업무부'에 이 증명서를 보내 오랜 바람이 해소되었습니다. 이제 어디서든 자랑스럽게 내 나라를 말할 수 있게 되었습니다"라며 감사 편지를 보냈다. 조지아주 하원의장도 영상편지로 나에게 감사의 뜻을 전해왔다.

한국전쟁 시기에 15세 소녀였던 A씨는 전장의 국군 장병을 위문하는 예술단 단원으로 활동했다. 조지아주에 거주하는 A씨는 참전용사 예우를 받기 위해 한국의 여러 기관에 문의해 영문 병적증명서를 받으려 했다. 그러나 실제 생년월일과 병적 기록표의 생년월일이 달라 발급되지 못했다. 권익위는 A씨의 진술서와 참전유공자 등록자료를 토대로 병무청의 병적 기록을 정정하고 영문 병적증명서가 발급되도록 했다.

한 장의 서류는 단순한 행정문서가 아니라 70년 동안 잊혀 있던 희생과 명예를 되돌려준 '국가의 약속'이었다. 권익위의 조치는 해외 참전동포에 대한 예우와 포용의 행정이 어떻게 결실을 맺었는지를 보여준 감동적 사례로 남았다. 그것은 단 한 사람의 명예를 지키기 위해서라도 국가가 끝까지 책임을 다해야 한다는 권익위의 철학이 실현된 순간이었다.

장애인들이 더 편안하게
일상을 누리도록

앞을 전혀 볼 수 없는 시각장애인 고3 학생에게 수능 시험지를 주면서 문제를 풀라 하면 어떻게 될까? 단 1문제도 풀지 못한다. 그에게는 점자點字 시험지를 주어야 한다. 그것이 공정하고 평등한 방식이다. 우리나라는 시각장애인을 위한 수능 점자 시험지가 있다.

그렇다면 시각장애인이 경찰서에 어떤 사건에 관한 의뢰를 하면 그 결과를 어떻게 받아보아야 할까? 방법은 두 가지 중 하나이다. 첫째는 문서로 받는 것이다. 그 문서를 받아 가족이나 주변 사람에게 읽어달라고 하면 된다. 둘째는 직접 찾아가 듣는 것이다. 시간을 내서 경찰서에 찾아가 결과를 들을 수 있다. 아니면 전화로 설명을 들어도 된다.

나는, 내가 만약 글자를 읽을 수 없는 시각장애인이라면 두 방법 중에 무엇을 택할까, 생각해보았다. 오래 생각할 것도 없이 두 방법 모두 문제점이 있다. 다른 사람에게 읽어달라고 하는 것은 사생활 침해의 문제, 개인 비밀이 공개되는 문제가 있고, 경찰서를 찾아가 담당자에게 직접 듣는 일도 여의치 않다. 전화로 듣는 방법은, 들을 때는 알게 되지만 시간이 흐르면 잊게 된다.

그 어려움을 잘 알면서도 우리 사회는 시각장애인들에게 큰 관심을 기울이지 않는다. 장애인에 대한 차별이 일상에서 나타나는 이유는 그러한 무관심 때문이다. 시각장애인을 위한 가장 좋은 방법은 점자點字 문서를 보내 직접 읽게 하는 것이다. 말로 들으면 잊을 수 있는 사항도 문서로 되어 있으면 훗날 여러 번 읽을 수 있는 장점이 있다.

시각장애인이 〈수사결과 통지서〉를 점자문서로 받아볼 수 없었던 사건은 공공기관의 책무에 대한 근본적 문제를 드러냈다. A는 2021년 6월 명예훼손·모욕·허위사실 적시 등의 혐의로 S를 고소했다. A는 1급 시각장애인으로 글을 전혀 읽을 수 없었고, 코로나19로 활동지원사의 도움을 받기도 어려웠다. 어떻게 할까 고심하던 A는 담당 경찰관에게 수사 상황과 결과를 점자문서로 보내달라고 요청했다. 그러나 점자문서를 단 한 번도 받지 못했다며 2022년 3월 권익위에 고충을 알려왔다.

사건의 실상을 파악하기 위해 즉시 담당 경찰관에게 물었다. 그는

"시각장애가 있는 A씨의 상황을 고려해 전화로 진행 상황 등을 상세히 설명했습니다. 점자문서를 제공하는 의무가 있는지는 몰랐습니다."

라고 답했다. 〈점자법〉에 따르면, 공공기관 등은 시각장애인이 요구할 때는 점자문서로 제공해야 한다는 법적 의무가 있다.

장애인의 알 권리를 지켜줘야 한다

〈장애인차별금지법〉 제26조에는 "공공기관 및 그 소속원은 사법·행정 절차와 서비스를 장애인이 장애인 아닌 사람과 실질적으로 동등한 수준으로 이용할 수 있도록 하고, 이를 위해 정당한 편의를 제공해야 한다"라고 규정되어 있다.

그러나 위 사건에서 보듯 공공기관에서는 장애인이라는 것을 알면서도 편의를 제공하지 않는 경우가 종종 있다. 시각장애인에게 글자로 된 문서를 보내는 것은 보통의 수능 시험지를 주면서 풀으라고 말하는 것과 같다.

매우 잘못된 행정이며, 점자 형태로 제공해야 한다는 법적 의무를 제대로 이행하지 않은 사례였다. 국민의 기본권이 지켜지지 않은 위태로워진 순간이었다.

권익위는 사실관계를 면밀히 조사해 현행 〈점자법〉이 명시

한 공공기관의 점자문서 제공 의무를 근거로 문제의 본질을 짚었다. 조사 결과, 경찰관들은 점자문서를 보내는 절차와 법적 의무에 대한 인식이 부족했고, 실무 지침도 마련되어 있지 않아 공백이 있을 수밖에 없었다. 이에 권익위는 경찰청에 "명확한 업무지침을 마련해 전국 모든 경찰서가 시각장애인의 요구에 따라 점자문서를 제공"하도록 제도개선을 권고했다.

이후 경찰청(본청)을 비롯해 전국의 지방경찰청은 점자문서 제공 현황을 홈페이지에 게시하고 있다. 이 결정은 단순한 민원 하나를 해결하는 것이 아니었다. 장애인의 알 권리를 실질적으로 넓혀주는 뜻있는 조치였다.

이제는 시각장애인이 공공의 모든 과정에서 스스로 정보를 확인하고 권리를 누릴 수 있다. 이는 국민 모두가 법 앞에 평등하다는 원칙을 현실 속에서 구현한 또 하나의 성과이다.

국민권익위원회의 소회
정치의 처음과 끝은
결국 '국민'이어야 한다.

국민권익위원회의 소회
정치의 처음과 끝은
결국 '국민'이어야 한다.

국민이 우선인 대통령
– 자기편이 우선인 대통령

문재인 대통령이 주재하는 국무회의에서 나의 발언 차례가 되면 장관들의 얼굴이 일순 어두워졌다.

국무회의에 올라오는 안건들은 사전에 그 부처(기관)에서 검토와 확인을 거친 사안들이다. 대통령에게 "이러이러한 일이 진행되고 있다"고 보고하는 것이다. 그러나 권익위의 일은 그것과 완전히 다르다. "국민들에게 이러이러한 고충이 있고 불편이 있는데 이를 해결하는 일에 해당 부처에서 협조해달라"고 담당 부처에 권유하는 것이다.

나는 대통령 앞에서 국민들의 민원을 해결하기 위해 각 부처가 협조해야 할 권익위의 '제도개선 권고', '민원 해결 권고' 내용이 담긴 보고서를 들고 또박또박 읽으면서 장관들의 협조를 주문했다.

말을 해야 하는 시대다. 말을 많이 해야 주목을 받는 시대다.
그럴수록 우리는 들어야 한다.
들을 수 있을 때, 비로소 내 말이 누군가에게 의미를 남길 수 있다.

"국민의 이러한 고충이 있습니다. 권익위가 실제 현장을 조사해보니 국토부의 조치가 시급합니다. 곧 개선해 줄 것을 권고합니다."

라고 요청한다. 혹은 대책을 세워줄 것을 요청한다. 그러한 요청이 어느 부처에 날아올지 모르기 때문에 장관들은 긴장한다. 그래서 내 차례가 되면 굳은 표정이 된다. 장관이 나의 요청을 듣고 해결(혹은 조치, 개선, 대책 수립)을 할 것인지 하지 않을 것인지는 그 장관과 부처의 판단에 달려있다.

권익위는 권유(개선 권고)를 하는 기관이지 강제력은 없다. 권익위가 민원 해결이나 제도개선을 권고하는 것은 모두 국민들의 억울하고 아픈 사연들이 대부분이다. 권익위는 국민의 권익을 대변하는 기관인 것이다.

권익위의 권고를 받아들여 해결하는 부처도 있지만 그렇지 않은 부처도 있었다. 문재인 대통령은 권익위의 권고에 움직이지 않는 부처가 있다는 것을 알고 강하게 지시했다. "전현희 위원장이 권고하는 사안은 모든 부처가 100% 수용하여 처리하라"고 주문했다.

대통령의 질타 이후 대부분의 정부부처에서 권익위의 민원 해결과 제도개선 권고 수용률이 90% 이상으로 치솟았다. 대통령의 국무회의 지시 한마디 덕분에 권익위에 제기되는 국민의 민원 해결과 갈등 중재, 조정, 개선이 신속하게 처리될 수 있었

다. 국민을 먼저 생각하는 대통령 덕분에 국민들의 고충이 줄
어들고 갈등도 줄어든 것이다.

국민에게 관심이 없는 대통령

그와 반대인 사람도 있다.

2022년 5월 10일 윤석열은 대통령으로 취임했다. 내 임기가
정확히 13개월 7일 남았지만 나는 한번도 국무회의에 참석하
지 못했다.

다른 국무위원들이 마음에 있는 얘기들을 툭 터놓고 비공개 논의
도 많이 하는데 '굳이 올 필요가 없는 사람'들까지 다 배석시켜서
국무회의를 할 필요가 있나, 하는 생각은 있습니다.

이 말은 윤석열이 2022년 6월 17일, 전현희 권익위원장이
국무회의에 참석할 필요가 없다며 기자들에게 한 말이다. 그는
국무회의를 '마음맞는 사람들끼리 모여 사적인 이야기를 하는
자리'로 생각하고 있었다. 또 '굳이 올 필요가 없는 사람'이라고
말했다. 이는 '국민권익위원회가 굳이 있어야 하는가?'라는 말
로 풀이된다. 윤석열은 국정책임자였지만 국정에 대한 관심도
없었고, 국민에 대한 관심도 없었던 대통령이었다.

윤석열 정부가 얼마나 치졸했는지는 하나의 에피소드만으

로도 충분하다.

2022년 을지훈련 때였다. 전시 대비 훈련을 하는 행사였기에 장관들은 민방위복을 입고 훈련에 참석한다. 당시 내가 가지고 있는 민방위복은 지난 정부에서 받은 노란색이었다. 윤석열 정부가 들어선 후 행안부에서 노란색을 초록색으로 바꾸었다. 고위 공직자들에게 새로운 초록색 민방위복이 지급되었다. 그런데 행안부는 나에게는 지급하지 않았다.

하지만 나는 기존의 노란색도 마음에 들고 멀쩡한 옷을 굳이 바꿀 필요가 없다고 생각은 했지만 '참 치졸하다'는 느낌이 들었다. 권익위 민원 현장 방문 때도 노란색 민방위복을 계속 입었다. 신문에 보도된 사진에서 내가 윤석열 정권 때도 계속 노란색 점퍼를 입은 이유는 바로 그 때문이다.

그러나 장·차관들이 모두 모이는 을지훈련 현장에서 나 혼자만 노란색을 입는 것은 다소 민망한 일이라 행안부에 초록색 민방위복을 지급해 달라고 직원을 통해 요청했다. 돌아온 답은 믿을 수 없게도 '안 됩니다'였다. 국가에서 임명한 장관급 위원장에게 당연히 지급해야 할 국가 물품을 거절한 것이었다. 마치 군에 입대한 훈련병이 마음에 들지 않는다 하여 군복을 주지 않는 것과 똑같았다.

어떤 규정에 의해 공직자에게 민방위복을 지급하지 않는가를 따지기 전에 그러한 행위는 참으로 치졸하기 짝이 없었다.

나는 다시 한번 더 요청했다. 두 번째에도 행안부는 거절했다. 쓴웃음이 저절로 나왔다. '좋다, 그렇다면 나 홀로 노란색 옷을 입고 나가겠다'고 마음먹은 뒤 이를 기록으로 남기기 위해 민방위복 지급을 요청하는 공문서를 작성해 행안부에 보냈다.

그러자 행안부에서 마지못해 초록색 옷을 보내왔다. 저들도 공문을 받은 이상 그것을 거절하면 훗날 문제가 될 수 있다는 것을 눈치챈 것이다.

이것이 대한민국 정부에서 벌어졌던 일이다. 이처럼 치졸한 행위를 하는 사람들이 윤석열 정부의 사람들이었다.

국가청렴도와
이해충돌방지법

　대한민국 정부 부패방지 총괄기관인 권익위의 위원장을 맡고 나는 국민이 신뢰할 수 있는 청렴한 공직사회를 만드는 것을 주요 목표로 세웠다.

　세계 각 나라의 부패지수를 산출하여 그 나라의 청렴도를 발표하는 국제기구가 있다. 독일 베를린에 본부를 둔 비정부기구인 국제투명성기구Transparency International: TI이다. TI는 세계 각 나라의 부패를 억제하는 반부패정책을 주도하는 공신력있는 유엔 산하의 국제기구이다. TI는 1995년부터 매년 세계 대부분 나라의 부패인식지수Corruption Perceptions Index: CPI를 조사하여 국가청렴도 순위를 정하고, 제일 투명한 나라와 부정부패가 심한 나라를 발표한다.

2023년에 우리나라는 63점을 받으며 180 나라 중에서 31위를 기록했다. 역사상 최고순위였다. 2017년 53점으로 51위를 한 후 매년 상승해 내 임기 중 역대 최고 기록을 세운 것이다. 매우 기쁜 일이지만 애초에 목표했던 20위권에 진입하지 못한 아쉬움은 컸다. 그래도 실망하지 않았다. 전년보다 1계단 상승한 수치였으며 내가 권익위원장으로서 공들여 추진했던 2021년 5월 〈이해충돌방지법〉의 제정과 시행으로 공직사회의 청렴도가 향상되었기에 가능한 일이었다.

이해충돌방지법은 2013년 부정청탁금지법(김영란법)의 일부로 국회에 제출되었으나 공직자의 직무 범위 등이 모호하다는 이유 등으로 8년간 표류해 왔다. 그러다 2021년 3월 한국토지주택공사LH 직원들의 부동산 투기 사태를 계기로 법안 처리 필요성에 공감대를 얻으며 법 제정에 속도가 붙었다. 법의 적용을 받는 공직자는 입법·사법·행정부와 지자체 공무원, 공공기관 임직원 등 약 200만 명이다.

이 법은 제1조(목적)에 명시되어 있는 것처럼 공직자의 직무수행과 관련한 사적 이익 추구를 금지하여 공직자의 직무수행 중 발생할 수 있는 이해충돌을 방지한다. 공정한 직무수행을 보장하고 공공기관에 대한 국민의 신뢰를 확보하는 것을 목적으로 한다.

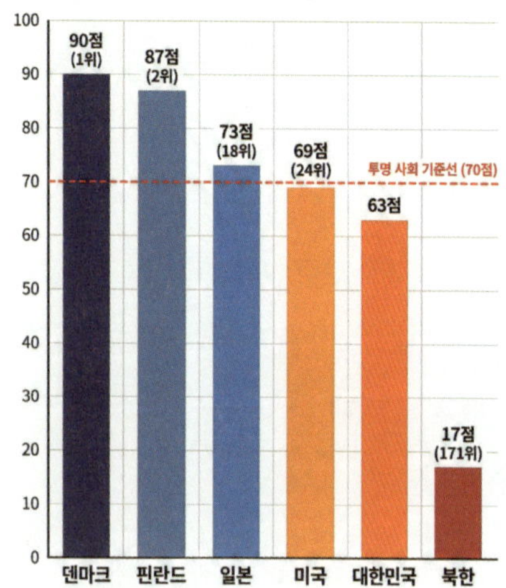

출처 : 국제투명성기구

국가청렴도를 높여야 국민이 행복하다

CPI는 100점을 만점으로 70점 이상을 받아야 사회가 전반적으로 투명한 상태라 할 수 있다. 1위인 덴마크는 90점, 핀란드는 87점(2위), 일본은 73점(18위), 미국은 69점(24위)으로 우리보다 순위가 높다. 참고로 북한은 17점으로 171위였다.

우리나라는 1995년부터 '상당히 부패'한 국가라는 평가를 받기 시작해 2020년이 되어서야 '상당히 청렴'으로 올라섰다. 부패에서 청렴국가로 도약하는데 무려 25년이 걸린 것이다.

CPI가 중요한 이유는 부정부패가 심한 나라일수록 정치와 사회는 물론 경제, 교육, 외교 등 국가의 안정과 발전에 부정적 영향을 끼치기 때문이다.

국가청렴도 20위권으로의 진입은 어느 개인의 노력만으로는 되지 않는다. 대한민국 국민과 모든 공직자가 똑같은 마음으로 청렴하고 부패하지 않는 마음을 지녀야 한다. 임기 3년 안에 단숨에 20위권으로 진입시키겠다는 목표는 비록 이루지 못했지만 역대 최고 수준의 청렴국가로 인정된 것에 만족하기로 했다.

청렴국가로의 목표가 있었기에 한 계단, 한 계단 앞으로 나아간 것은 분명하다. 그럼에도 우리나라는 100점 만점에서 63점에 머물러 있다는 것은 여전히 부끄러운 일이었다. 부정부패를 뿌리 뽑는 우리의 노력이 멈추지 않는다면 대한민국은 곧 세계가 우러러보는 국가청렴도 1위 나라가 될 수 있다고 믿는다.

의로운 정치를 위해

우리가 뉴스로 자주 접하는 국민의 현실은 너무도 극명하게 양쪽으로 나뉘어 있다. 누군가는 새로 나온 명품 가방을 사기 위해 백화점에서 줄을 서지만 다른 누군가는 오늘 한 끼라도 먹을 수 있을지 고민하며 폐지를 줍는다.

창문 없는 좁은 고시원에서 화마에 휩쓸려 생을 마감해야 했던 어느 안타까운 청년, 가난한 형편에 반지하를 벗어날 수 없었던 어느 할아버지의 수해 참사 소식도 그리 오래된 뉴스가 아니다.

권익위 위원장으로 일하면서 만난 많은 국민의 현실은 이전에 내가 볼 수 없었던 비참함과 불공정이 만든 세계였다. 국가가 외면해온 강원도 양구 펀치볼 마을의 주민들, 여전히 사회에서 격리되어 인간다운 권리를 누리지 못하는 한센인 마을 주민들 등 국민의 삶이 이토록 불행한데 이들의 행복에 책임을 져야 할 정치는 무엇을 하고 있는 것일까?

우리는 흔히 정치인을 공복公僕에 비유한다. 국가나 사회의 심부름꾼, 곧 국민의 종이라는 뜻이다. 이들의 역할은 주권자인 국민을 위하고 섬기는 일이다. 정치인이 주인을 위하고 섬기기 위해서는 어떻게 해야 할까? 바로 국민의 어려움을 찾아내 해결해야 하고 국민이 흘리는 눈물을 닦아주어야 한다.

정치의 시작과 끝은 국민

국민의 살림살이가 풍요롭도록 돌봐야 하고 국민이 굴욕을 겪거나 위해를 당하지 않도록 보호해야 하며, 누구나 스스로의 존엄을 지킬 수 있도록 해야 한다. 누구에게나 공정하고 또 기회의 균등이 보장되도록 해야 한다. 정치란 완전하게 실현될 수는 없더라도 이러한 가치를 지향하며 끊임없이 노력해야 한다. 이러한 일을 하는 것이 의로운 정치다. 국민의 행복한 삶을 위한 정책은 국민과 소통하며 국민에게서 답을 찾아야 한다. 정치의 시작과 끝이 국민이기 때문이다.

나는 2023년 6월 17일, 제7대 국민권익위원회 위원장에서 퇴임했다. 3년의 임기를 무사히 수행할 수 있었던 것은 함께

공직자는 국민의 눈높이에서 겸허하게 일해야 한다.

일한 권익위 직원들 덕분이다. 그들에게 격려와 더불어 다시 한번 감사의 뜻을 전한다. 다음은 그날 퇴임사의 일부분이다.

마지막 1년은 사퇴 압박과 감사원의 표적 감사를 받느라 사실상 권익위 업무가 마비되다시피 하는 어려운 환경이었습니다… 열악한 상황에서도 저와 권익위 가족들은 흔들리지 않고, 더 청렴한 대한민국을 만들기 위한 각고의 노력을 다해왔습니다… 권익위는 역할 자체가 국민의 편에서 권력을 감시하고 견제하며 권력의 일방통행을 방지하기 위한 기관입니다… 저 역시도 위원회의 독립성과 정치적 중립성을 지키기 위해 때로는 권력과 맞서면서, 당당하게 법과 원칙을 준수하며 업무를 수행해왔습니다…안타깝게도 오늘날 대한민국은 '정치의 부재와 정쟁의 과잉' 시대입니다. 국가의 주인인 국민은 안중에도 없는 이러한 행태는 그 자체가 국민의 권익을 침해하는 일이 아닐 수 없습니다…. 직을 떠나는 입장에서 간곡히 바라건대 지금이라도 국민으로부터 국정을 위임받은 권력자들과 공직자들이 국민의 눈높이에서 낮은 자세의 겸허한 행정으로 국민의 권익을 지키는 행정을 펼치시길 진심으로 소망합니다.

퇴임 10개월 후인 2024년 4월 10일, 제22대 총선에 출마해 서울 성동구에서 국회의원으로 당선되었다. 다시 국회의원이 되어 의로운 정치를 하기 위해서였다.

제4부

'서울 아틀라스'의 힘

세계와 더불어 행복한 우리의 서울

더 새로운 도전으로 서울을 행복하게

국민권익위원장을 맡은 3년 동안 한시도 놓지 않은 화두가 하나 있었다. 바로 '국민'이다. 특히 그 어느 때보다 힘겹고 어려운 시간을 보내야 했던 마지막 13개월의 나를 버티게 한 힘도 바로 국민이었다.

국민권익위원회는 400여 곳에 달하는 정부기관과 공공기관 중에서 국민이라는 이름이 들어가는 유일한 기관이다. 국민을 위해 일하지 않을 수 없는 기관이다. 그래서 위원장으로 일하는 동안 늘 국민의 의미를 생각하고 또 곱씹을 수밖에 없었다. 내가 얻은 결론은 아주 명확했다. 국민은 행정과 정치의 알파와 오메가, 즉 시작과 끝이다.

무도하고도 불법적인 탄압을 받으면서 사임辭任할까 고민했

노무현 전대통령의 자서전 《운명이다》

던 적도 있었다. 하지만 법이 정한 임기와 원칙을 끝끝내 지켜낼 수 있었던 것은 권익위 위원장으로서 내가 지켜야 하는 국민들의 응원과 격려 덕분이었다. 마찬가지로 지금까지 정치 현장에서 배운 것이 있다.

정치의 시작이자 끝은 국민이고 정치의 목적은 '국민의 행복'이라는 것이다.

그렇다면 모든 국민이 고루 행복하지 않다면 정치인의 자리는 어디일까? 아직 행복하지 않은 국민의 편에 서야 한다. 국민의 행복을 고르고 균등하게 맞춰줄 균형추가 정치인에게 주어진 역할이다.

비가 오지 않아도, 비가 너무 많이 내려도, 다 내 책임인 것 같았다. 아홉 시 뉴스를 보고 있으면 어느 것 하나 대통령 책임 아닌 것이 없었다. 대통령은 그런 자리였다.

노무현 대통령의 유작 《운명이다》(2010년)에 나오는 한 구
절이다. 모든 정치인이 대통령은 아니지만 그 마음으로 일해야
한다. 또한 모든 공직자가 대통령은 아니지만 그 마음으로 일
해야 한다. 나는 그 마음으로 새로운 도전을 시작했다. 바로 '서
울시장'에 도전하는 것이다. 서울 시민들이 꾸는 꿈, 행복한 삶
을 만들어가는 꿈을 이루어주겠다는 도전이다.

서울을 다시 세우고
세계를 품는 도시 전략

아틀라스는 고대 그리스의 하늘을 떠받치는 거인의 이름이다. 오늘날 서울은 세계 중심도시로 지구를 떠받치는 거인 아틀라스를 닮았다. 서울이라는 말은 우리 고유의 수도首都 개념을 담고 있다. 즉 "머리 역할을 하는 도읍"이라는 뜻이다.

신라의 경주, 고려의 개경, 조선의 한양은 모두 '서라벌'이라 불렸으며 이는 일반 도시명이 아니라 "나라를 세우고 국민을 품는 중심"이라는 의미에서 비롯되었다. 우리나라 대부분의 도시와 지역이 한자로 표기되는 것에 비해 서울은 순 한글이라는 것도 지역의 명칭이 아니라 머리 역할을 하는 도읍이라는 것을 알 수 있다.

오늘의 서울은 인구 1천만 명에 달하는 국내 최대 도시이고,

인천·경기도와 생활권을 합하면 2,600만 명에 이른다. 이 거대한 수도권은 대한민국 전체 인구의 1/2을 품고 있으며 이미 세계 10대 대도시권에 해당한다.

그러나 이러한 구조는 서울이 스스로 성장해서 만들어졌다기 보다는 오랜 동안 지방 인구가 수도권으로 흡수되면서 형성된 결과이다. 서울의 팽창은 곧 지방의 쇠락을 의미했고 지방의 소멸은 지금 이 순간에도 현실로 다가오고 있다.

따라서 서울은 자신의 미래를 위한 성장과 환골탈태換骨奪胎가 있어야 하지만 한편으로는 자신만을 위한 도시 전략을 펼칠수 없으며, 수도권이 가진 과밀의 힘을 지방으로 돌려보내는막중한 책임을 수행해야 한다.

서울 전체를 하나의 아틀라스로 재편하는 전략

아틀라스는 하늘을 떠받치는 거인의 이름으로 그리스신화에 등장한다. 동시에 세계지도world map라는 뜻을 갖는다. 서울아틀라스는 거인과 지도를 하나의 개념으로 삼아 서울의 모든영역을 통합적으로 운영하는 미래의 도시지도를 만드는 전략이다.

이제 초거대 도시권을 개별 사업으로는 더 이상 운영할 수없다. 서울의 성장 방식은 재개발, 교통시설 확충, 문화사업 등부분 정책의 누적이었다. 그러나 인구 2,600만 명이 하나의 생

<서울 아틀라스>는 서울을 재탄생시킨다.

활권에서 살아가는 초거대 도시권에서는 이러한 방식으로는 미래 변화를 감당할 수 없다.

교통 혼잡, 주거 불균형, 산업 불일치, 청년 이탈, 도시 정체성의 약화는 이미 진행 중이며 이는 서울뿐 아니라 지방 전체의 발전에도 부정적 영향을 끼친다. 지방이 좋아질수록 서울은 과부하를 겪고 서울이 지치면 국가는 중심을 잃는다. 따라서 <서울 아틀라스>는 서울의 기능을 재정비하고 지방을 향해 역할을 확장하는 구조로 설계되어야 한다.

즉 서울 전체를 하나의 아틀라스로 재편하는 전략이 필요하다. 25개 자치구의 산업·문화·역사·생태를 하나의 도시구조로 편성하여 초超도시 전략을 확립해야 할 때이다. 2,600만의 수도권을 국가 산업·문화 플랫폼으로 재편하고, 서울의 성장동력을 지방과 공유하면서 수도권·지방 상생 체계를 구축한다. 서울을 세우는 일은 곧 대한민국을 지키는 일이며 서울이 추진하는 일은 지방을 살리는 일이라는 원칙을 기반으로 한다.

서울은 세계의 관문이 되어야 한다

서울을 다시 세우고 대한민국을 변혁시키는 〈서울 아틀라스〉는 4가지 전략으로 실천된다.

첫째, 산업·기술 아틀라스이다. 25개 구를 4대 사업기능별로 재편하여 도시의 산업지도를 새롭게 그려나간다. 강북권은 AI·금융·바이오 중심지로, 강남권은 디지털 경제와 콘텐츠 산업의 허브로, 동북권은 교육·스마트시티 모델로, 서남권은 국제물류·제조 혁신지대로 설계한다. 이 전략은 수도권 전체의 경제활동을 연결하여 국가경제의 균형 성장을 이끌어간다.

둘째, 역사·문화 아틀라스이다. 서울은 630년의 역사를 지니고 있다. 거슬러 올라가면 1천 년이 넘는다. 이 역사축을 시대순으로 재정비하여 백제-한양-대한제국-일제(근대)-현대를 연결하는 문화 스토리라인을 구축한다. 이는 서울의 정체성을 복원하고 세계인이 체험하는 문화 관광을 만들어준다.

셋째, 생태·환경 아틀라스이다. 한강 중심의 기존 인식을 넘어 서울을 둘러싸고 있는 산들과 도시 공간을 연결하는 다중 생태축을 만든다. 도심-주거지-산을 연결하는 3중 생태그린링Green Ring은 공공시설과 유휴지의 생태문화 공간화를 통해 서울 전체를 하나의 그린 아틀라스로 만든다. 이 전략은 기후 위기를 극복할 수 있는 도시의 회복력을 강화시켜준다.

넷째, 글로벌 아틀라스이다. 서울이 세계의 관문이 되는 정책이다. 서울은 대한민국의 첫 관문이며 전 세계 관광객이 가장 먼저 만나는 도시이다. 〈서울 아틀라스〉는 국제도시 네트워크를 확장하고 글로벌 기업, 외국인 창업, AI 연구 인프라를 구축하여 글로벌 No.1 도시를 지향한다. 나아가 글로벌 관광객을 지방으로 분산시키는 도시가 되어야 한다. 서울에서 지방으로 관광 루트를 자연스럽게 이어주어 대한민국 전체가 활력을 갖게 해준다.

미래의 서울은 성장과 행복의 도시

〈서울 아틀라스〉는 서울뿐 아니라 수도권 2,600만 명이 살아가는 초거대 도시권을 운영하는 기반을 마련한다. 또한 서울의 과밀을 지방의 성장동력으로 전환하는 균형 발전의 패러다임을 만들어준다. 글로벌 관광객의 지방 분산을 통해 지방 부흥을 이끌며, 산업·문화·역사·생태를 아우르는 새로운 세계 도시 모델을 제시한다. 이처럼 〈서울 아틀라스〉는 미래 세대를 위한 500년 수도 전략을 완성한다.

서울은, 지구를 들어올리는 아틀라스처럼 미래를 세우는 도시이자 국민을 품는 도시이다. 〈서울 아틀라스〉는 서울의 힘을 스스로에게만 사용하지 않는다. 수도권의 과밀을 지방의 생명으로 돌려보내고, 서울을 세계의 관문으로 세워 대한민국 전체를 살리는 전략이다. 미래의 서울은 대한민국을 떠받치고 동시에 지방을 지켜내는 성장과 행복의 수도가 될 것이다.

올림픽 공동 브랜드의 시너지를 창출한다.

• **서울-대구 축** : 내륙 섬유·디자인 산업을 재도약시킨다. 섬유-디자인-첨단 소재를 결합한 내륙 디자인 메가허브로 재탄생한다.

• **서울-태안 축** : 서해안 관광의 핵심지로 조성한다. 태안의 해양 관광, 갯벌 자원, 국가해양정원과 서울을 연결시킨다. 서울을 출발하는 크루즈가 태안-군산-새만금-목포까지 이어지는 루트를 만든다.

• **서울-광양/부산/포항 축** : 환태평양 경제를 이끌고 북극항로를 개척하는 터전이 된다. 영남과 동해안은 단순한 항만이 아니라 미래 해양경제의 출입구이다.

이외에 서울-새만금, 서울-속초·울릉도 등으로 확장시켜 서울과 지방이 동시에 발전할 수 있는 기반을 만든다.

서울을 중심으로 한 전국적 연대는 국가 공간의 완전한 재편을 가능하게 한다. 글로벌 관광객 5천만 시대를 열 수 있으며 내륙과 해양산업이 동시에 성장한다. 나아가 서울은 동북아 핵심 도시로 발돋움한다.

이 모든 것이 〈서울 아틀라스〉를 바탕으로 추진되어 〈대한민국 아틀라스〉로 완성된다.

서울의 위기는
대한민국의 위기이다

지금 서울은 여러 문제를 안고 있다. 조선의 태조가 1394년 한양(漢陽 = 漢城)을 새 수도로 정한 이후 서울은 631년의 장구한 역사를 지닌 거대 도시로 유지되고 있다. 처음 한성부漢城府의 면적은 약 16.7km²로 알려져 있다. 이는 현재 서울 면적 약 605km²의 1/36이다. 즉 서울은 631년에 걸쳐 대략 36배로 늘어나면서 엄청난 발전을 해온 것이다.

조선시대 한양에 몇 명이 거주했는지는 정확히 알 수 없다. 첫 공식 집계인 1669년(현종 10)에 19만 4,030명이 거주했다고 알려져 있으며, 12년 전인 1657년(효종 8)에는 8만 명을 약간 넘었을 것으로 추정된다. 태조가 새 도읍지를 정한 1394년에는 1만 명이 되지 않았을 것이다. 즉 서울의 인구는 그동안

내가 찾아 갈 수 없는 곳이 너무 많다.
나를 찾아 오는 사람을 다 만나기도 너무 어렵다.
만나러 가고, 만나러 오는 게 생활인 셈이다.

1,000배 넘게 늘어났다는 것을 알 수 있다.

하지만 1994년 이후로 계속 줄어들고 있다. 2025년 11월 현재 930만 5,678명이 공식 인구로 등록되어 있으나 곧 900만 이하로 떨어질 수도 있다.

이처럼 서울은 장구한 역사, 지속적인 팽창, 폭발적 인구 증가와 감소를 겪으며 세계적인 도시로 성장했다. 오랜 시간에 걸친 끊임없는 노력과 발전으로 세계적 도시가 되었으나 그 이

220

면에는 우리가 풀어야 할 문제들이 적지 않다. 그 문제들의 해결을 더 미루어서도 안 된다.

1. 줄어드는 서울 사람들

서울의 인구가 무너지면 대한민국이 무너진다. 인구절벽의 최전선은 바로 서울이다. 인구 감소는 대한민국 전체의 급박한 문제이자 시급히 풀어야 할 과제이다. 이 문제를 우리 시대에 해결하지 못하면 곧 심각한 위기가 닥친다. 이를 해결하기 위한 첫 단추는 서울의 인구를 늘리는 것이다.

서울 인구는 1994년 10,925,464명으로 정점을 찍은 이후 갈수록 줄어들고 있다. 인구는 줄어드는데 가구수는 늘어나고 있다. 즉 1인가구가 증가하고 있다는 뜻이다. 대한민국 전체 인구를 늘리되 특히 서울 인구는 1,000만 명으로 복원시켜야 한다. 그래야 세계에 경쟁할 수 있는 대도시가 되고 정치, 경제, 사회, 교육, 관광, 문화 등 모든 면이 활성화된다.

2. 주거 대재난

젊은 청년들이 이제 더 이상 서울에서 살 수 없다. 집값이 너무 비싸기 때문이다. 인구는 줄어들고 매년 아파트는 늘어나고 있는데 서울의 집값은 계속 오르고 있다. 집값이 오르면서 전세, 월세도 덩달아 오른다. 사회에 첫 진출하는 청년들이 주거비 부담으로 서울에서 도저히 살 수 없는 것이다. 청년뿐 아니라 서민 가족들도 살아가기 어렵게 되어가고 있다.

2025년 우리나라 일반가구는 2,229만 4,419가구이다. 가장 많은 곳은 경기도 559만이고, 서울은 두 번째인 416만 가구이다. 예전에는 서울이 월등히 많았으나 지금은 경기도가 40만 가구 넘게 많다. 서울 청년들이 경기도로 빠져나간 이유는 집값 폭등, 즉 주거 대재난 때문이다. 이 문제 역시 시급히 해결해야 한다.

3. 교통지옥

출퇴근과 통학 시간이 갈수록 늘어나고 있다. 서울 시민들은 그만큼 시간을 거리에서 빼앗기고 있다는 뜻이다. 집에서 직장(일터, 학교)까지의 거리가 멀어지면서 교통시간이 늘어나고, 비용도 늘어난다. 시간, 비용뿐 아니라 육체적 피로도 모두 늘어났다. 서울 인구는 930만 명이지만 서울로 출퇴근하는 사람들, 지방에서 잠시 올라온 사람들, 외국에서 들어온 관광객들을 모두 합하면 서울의 아침~저녁은 족히 1,500만 명이 넘는다.

지하철 노선은 증가하고 있으나 집과 직장(일터, 학교)의 거리가 멀어지면서 출퇴근은 매일 아침저녁으로 전쟁터이다. 출퇴근이 1시간 30분으로 늘어나면서 생산성도 무너지고 있다.

'지옥철'이라는 별칭은 여전히 사용되고 있다. 이 교통지옥에서 시민들을 벗어나게 해야 한다.

4. 기후와 재난, 안보가 불안한 도시

자연재해는 거대 도시 서울에서도 발생한다. 한여름 잠깐의 폭우로 도시가 잠기는가 하면 겨울의 폭설로 교통이 마비된다. 폭염으로 사망사고가 일어나고 지진에서도 안전하지 않다. 사람에 의한 재난도 거의 매일 여러 곳에서 일어난다. 공사장 붕괴, 교통사고, 지하철 사고, 대형 화재… 심지어 멧돼지가 출몰해 안전을 위협한다. 여기에 북한의 핵무기도 서울의 안전과 평화를 위협한다. 우리는 기후, 재난, 안보의 대책을 세워야 한다.

5. 경제 활력 상실

서울의 경쟁력이 약해지고 있다. 미래산업은 서서히 경기도로 빠져나가고 청년층과 실버 계층의 창업도 줄어들고 있으며, 소비도시로 정착하고 있다. 한때 미래 서울의 상징이었던 벤처 타운도 속속 지방으로 이전해 의미가 퇴색되고 있다. 생산 제조업이 사라지면서 산업생태계가 붕괴되고 이는 인구 감소, 우수한 인재 이탈 등으로 이어지고 있다. 서울의 성장을 위해서는 미래산업을 끌어와 경제활력을 되찾아야 한다.

6. 청년 이탈

젊은 층이 서울을 떠나는 현실은 매우 심각하다. 대학의 학생들이 현재 서울의 청년층을 지탱한다는 자조가 나올 정도다. 청년이 없는 서울에는 미래도 없고, 희망도 없다. 감당할 수 없는 집값으로 서울을 떠나 경기도로 이주하고 있으며, 어쩔 수 없이 결혼도 미뤄지고 있다. 당연히 출산율도 최하위이다. 2024년 전국 평균은 0.748명임에 비해 서울은 0.581명이다. 청년이 돌아오는 도시로 만들어야 서울의 미래가 있다.

7. 노후된 도시

서울은 630년 동안 대한민국을 이끌어오면서 눈부신 발전을 거듭했으나 그 오랜 역사만큼 멈추어 있는 곳도 적지 않다. 역사 유적은 보존해야 하지만 거주지의 불편함은 해소해야 한다. 그러나 재개발과 재건축은 멈춰있고 도시 기반 시설은 30년째 제자리이다. 재개발을 시급히 해야 하는 곳은 종로구, 마포구, 용산구, 은평구, 금천구, 성북구, 동작구 등 서울 전 지역에 걸쳐 있다. 서민들의 주거를 행복하게 해주는 도시 재생에 시동을 걸어야 한다.

8. 늦어지는 AI 도시

AI와 스마트시티는 세계적인 추세이다. 도시는 물론 국가의 발전을 위해서는 AI·빅데이터·스마트시티가 필수이다. 특히 AI를 이용한 시민들의 참여와 그에 따른 데이터 축적은 생활의 모든 면을 긍정적으로 바꿀 수 있다.

내가 권익위에서 시작한 'AI 신문고'를 서울에 도입하면 시민들의 참여를 가져와 서울의 행정을 바꾸게 되며 이는 시민의 안전과 행복으로 이어질 것이다. 하지만 아직 이러한 시스템이 구축되지 않았다. AI와 스마트시티로 서울의 행정, 경제, 안전을 선진화 시켜야 한다.

9. 문화·관광 경쟁력 약화

서울에는 역사 유적지가 많고 상징적 건물도 세워지고 있으며, K-컬처가 세계적 주목을 받고 있지만 관광객들을 더 많이 끌어들이기에는 세심함이 부족하다. 세계인을 서울로 끌어들이는 콘텐츠와 상징성이 충분하지 못한 것이다. 외국인의 서울 재방문율은 45%에 그치고 있다. 언론에서는 K-컬처를 대대적으로 홍보하고 있지만 막상 서울에는 KOREA를 보여주는 콘텐츠가 부족하다. 서울 재방문율을 70%까지 끌어올려야 한다.

10. 서울과 지방의 격차 심화

서울은 과밀 상태이고, 지방은 소멸로 가고 있다. 대한민국 국민 누구나 알고 있는 이 현실 앞에서 우리는 무엇을, 어떻게 해야 할까? 서울의 대학은 경쟁률이 치열하고, 지방의 대학들은 신입생을 뽑지 못해 발을 동동 구른다.

이 난제를 해결할 수 있는 방법이 있을까? 지역간 격차를 줄이고, 전국이 균형 발전할 수 있는 방법을 〈서울 아틀라스〉에서 찾아야 한다.

서울은 다양함이 어우러진 용광로 도시

서울을 단순히 대한민국의 수도로만 보아서는 안 된다. 전국 각지에서 온 그리고 세계 여러 나라에서 온 사람들이 서로의 말을 섞고, 생각과 문화를 나누고 새로운 공동체를 만들어 온 거대한 이민移民 도시이다. 따라서 서울시장은 서울시 행정을 기획할 때 단순히 인구수와 예산, 행정효율만을 계산해서는 안 된다.

서울이 어떤 역사적 과정을 통해 만들어진 도시인지, 이곳에 사는 시민들이 어떤 사연과 뿌리를 안고 어떤 꿈을 위해 이곳으로 모여들었는지 바로 그 역사적·문화적·사회적 측면을 함께 고려해야 한다.

서울 시민 대다수는 태어날 때부터 서울 시민이었던 사람이 아니라 나처럼 다른 지역에서 태어나 성장한 뒤 이곳에 터를 잡은 사람들 혹은 그런 부모 세대 밑에서 자란 2세대, 3세대이다. 이들의 기억 속에는 여전히 고향이 존재하고, 명절이면 내려가는 본가가 있으며 말투와 음식, 가족사를 통해 자신의 뿌리를 확인한다. 이러한 시민들의 삶과 감정, 그리고 서로 다른 지역성이 서울 안에서 어떻게 공존하는가를 이해하는 것이 서울 행정의 출발점이다.

그래서 나는 서울을 이민자들로 구성된 도시라는 관점에서 바라보며 서울시 정책과 행정을 설계해야 한다고 강조한다. 주거 정책 하나를 만들어도, 교통망을 설계해도, 교육과 문화정책을 고민해도 이 도시가 다양한 곳에서 온 사람들이 모여 사는 공간이라는 점을 전제로 해야 한다. 그래야만 서울이 단지 경쟁과 생존의 도시가 아니라 서로 다른 뿌리를 지닌 시민들이 함께 공존하며 조화롭게 새로운 공동체를 만들어가는 행복한 도시로 성장할 수 있다.

서울은 한강과 산 그리고 평지가 아름답게 어우러져 그 사이사이에 도심이 형성된 전 세계에서도 손에 꼽히는 매우 특별한 도시이다. 그중에서도 가장 자랑스러워 할 요소는 단연 산이라 생각한다. 산은 도심을 부드럽게 에워싸며 서울 시민의 일상 곁에 늘 자리하고 있다.

그동안 서울시 행정을 거의 한강 중심으로 설계하고 각종 개발구상과 도시 마케팅 전략을 한강을 축으로 삼아 전개해왔다. 하지만 서울의 또다른 축, 즉 산에 주목할 필요가 있다. 특히 종로를 보면 산이 고궁과 어우러져 독특한 스카이라인과 도시 풍경을 만들어낸다. 산은 단지 경치를 만들어주는 배경이 아니라 그 아래에 주거단지가 형성되고 골목이 만들어지면서 시민들의 삶의 터전을 품어온 공간이다.

그래서 나는 특히 산에 위치한 아직 개발되지 않은 동네들에 관심을 갖고 있다. 과거에는 이런 곳을 '달동네'라 부르며 가난을 상징하는 단어로 표현했다. 그러나 시간이 흐르면서 이러한 산동네들이 도심 속에서 전원생활에 가까운 여유를 즐길 수 있는 공간으로 변하고 있다. 이러한 지역이 안고 있는 교통문제를 해결하고, 기초생활 인프라를 보강하고, 행정적 지원을 체계적으로 뒷받침하면 서울만의 독특하고도 아름다운 주거지로 재탄생시킬 수 있다.

산과 어우러지는 아름다운 서울

서울은 수십 년 동안 도시 개발을 하면서 산을 깎아 아파트를 짓는 일을 계속해왔다. 그 결과 산과 어우러진 서울 고유의 아름다움은 조금씩 훼손되었다. 산을 도려내 평지처럼 만드는 개발보다는 본래의 산세를 최대한 살려 산기슭과 비탈에 있는 주택에서 사는 삶을 편리하게 만들었다면 더 좋았을텐데 하는

서울은 사람과 산이 어우러지는 도시가 되어야 한다.

아쉬움이 있다.

그 핵심에는 교통이 문제가 된다. 교통이 해결되지 않으면 어떤 좋은 아이디어도 현실에서 지속되기 어렵다. 홍콩 등 대도시에는 산꼭대기에 있는 마을 곳곳에 긴 에스컬레이터와 푸니쿨라Funicular 같은 경사형 승강기가 있다. 높은 곳에 사는 주민들이 부담없이 오르내릴 수 있도록 시 정부가 교통 인프라를 마련한 것이다.

마을버스가 동네를 촘촘하게 돌아다니도록 노선을 설계하는 것은 기본이고 마을버스로도 닿지 못하는 급경사 구간이나 계단이 많은 곳에는 에스컬레이터, 소형 모노레일 등 보조시설을 적절히 배치해야 한다. 이러한 시설들은 노인과 어린이, 장애인, 유모차를 끌고 다니는 부모, 택배 기사, 배달 기사, 집배원 등 여러 사람에게 큰 도움이 된다. 결국 그 동네 전체의 삶의 질을 한 단계 높인다.

산세권에 위치해 교통 사각지대로 방치된 시민들의 이동권을 보장해야 한다. 한강 중심의 개발도 필요하지만 동시에 산세권을 제대로 키워나가는 도시 전략이 병행되어야 한다. 산세권을 중심으로 아름답고 편안한 주거지역을 만들어 서울을 균형잡힌 도시로 변화시켜야 한다.

한강의 자연성 회복

한강은 서울의 역사·경제·문화의 원천이다. 그러나 오랫동안 도로를 중심으로 한 도심 속에서 단절되고 주변부로 밀려나 있다. 서울이 글로벌 도시로 재도약하기 위해서는 강의 문명河文明으로 돌아가야 한다. 프라하—부다페스트—파리—암스테르담 등 세계 도시들은 이미 강을 도시 경쟁력의 중심으로 삼고 있다.

〈한강 아틀라스〉는 한강 전체를 교통·관광·야간경제·물류·첨단기술이 결합된 미래형 도시축으로 재편하는 프로젝트이다. 이 프로젝트는 시민들의 편리한 한강 접근권 보장이 필수이다.

시민들이 한강에서 쉬고 산책하고 운동하면서 일상적으로

재충전할 수 있도록 더 많은 편의시설을 만들어야 한다. 다만 지금의 한강은 너무 지나치게 인공화되어 있다. 개발만을 앞세우다 보니 과거 한강이 지닌 자연스러운 숨결과 생태적 매력이 많이 훼손되었다.

우리는 한강을 바라볼 때 인공시설로 꾸미는 것 못지않게 원래의 자연을 되살리는 것에도 큰 관심을 기울여야 한다. 지금 인공적인 한강은 1980년대 5공화국 시절부터 본격화된 콘크리트 공사와 함께 만들어진 결과이다. 겉으로 보기에는 깔끔해 보일지 모르지만 강이 스스로 숨쉬고 흐르는 자연의 아름다움은 많이 사라졌다.

한강의 자연성을 복원하는 가능성으로 밤섬에 주목한다. 밤섬은 지금 조금씩 면적이 커지고 나무와 풀, 새들이 다시 찾아오면서 자연성이 회복되고 있다. 한때는 개발 논리 속에서 사라질 위기에 처했던 공간이지만 지금은 시민들이 한강의 생태를 상상할 수 있는 조용한 상징이 되어가고 있다.

〈한강 아틀라스〉는 서울의 미래를 이끄는 동력

이러한 경험은 우리에게 중요한 메시지를 준다. 한번 콘크리트로 덮었다 해서 반드시 영원한 인공 하천으로 남아야 하는 것은 아니다. 마음만 먹으면 다시 자연을 불러올 수 있다는 가능성을 보여준다.

첫째, 잠수교를 기준으로 동·서 축을 나누는 대규모 공간전략이 실천되어야 한다. 동쪽과 상류는 잠수교―잠실―광나루―구리―남양주―팔당으로 이어지고, 서쪽과 하류는 잠수교―노들섬―용산―여의도―마포―김포―강화로 이어지는 축을 만든다.

둘째, 조선 나루터를 복원하고 간이선착장을 확대한다. 각 나루터에 야간 수산시장, 플로팅 마켓, 수변 문화공간을 설치한다. 이곳에는 공원, 공연장, 전시장, 놀이터 등을 만들어 시민들의 쉼터가 되고 관광객을 끌어들이는 핫플레이스가 된다.

셋째, 유람선과 수상버스를 전기·태양광으로 작동하도록 친환경화 한다. 소음과 매연 없는 야간 수상 관광도시를 구현한다.

넷째, 한강을 따라 움직이는 도시형 물류(수상 + UAM, 드론)를 구축한다. 강을 중심으로 도시물류 축을 재편하여 도로 혼잡을 완화한다.

다섯째, 수심과 수문 문제를 해결할 수 있는 실현 가능한 장기 플랜을 세운다. 전기선, 환승시스템, 갑문 설치 등 단계별로 대응 체제를 구축해 한강이 서울의 미래를 이끄는 동력이 되게 한다.

자연과 역사가 숨쉬는 한강으로

'조선 나루터'의 하나의 사례로 강조하고 싶은 곳은 성동 지역의 두모포(豆毛浦, 두뭇개), 옛이름으로 저자도楮子島이다. 세종대왕 시절 이종무李從茂 장군이 대마도 정벌을 떠날 때 출정식을 했던 역사적으로 중요한 공간이다. 본래는 꽤 크고 독립된 섬이었지만 압구정과 잠실 일대 아파트를 지을 때 이곳의 모래를 파서 사용하면서 크게 훼손되었다.

자연성 복원을 위해 두모포 일대를 다시 살리는 작업이 필요하다. 생태 복원과 함께 조선 역사에 서린 한강의 기억을 함께 되살릴 수 있는 상징적 프로젝트가 될 수 있다.

이제는 단순히 강을 따라 조형물을 세우고 공연장을 짓는 식의 인공적 개발을 반복할 것이 아니라 한강의 콘크리트를 어디부터 어떻게 허물고 자연성을 되찾을 것인가에 대한 장기적 논의를 시작해야 한다. 이를 위해 시민, 전문가, 행정이 참여하는 지속적인 공론화가 이루어져야 한다.

어느 구간은 모래사장을 복원하고, 어느 구간은 습지를 조성하고, 어느 구간은 생태 보호구역으로 지정할 것인지를 연구해야 한다. 한강의 모든 구간을 똑같이 만들 것이 아니라 다양하게 숨 쉬는 강으로 만드는 계획이 추진되어야 한다. 이러한 한강 정책이야말로 앞으로 서울이 지향해야 할 미래이다.

천만 서울을 위한 주거 정책

현재 서울 인구는 지속적으로 줄어들고 있다. IT 산업을 제외한 다른 산업들도 하나둘씩 서울을 떠나고 있다. 하지만 나는 서울을 다시 인구 천만의 도시로 유지해야 한다고 생각한다. 단순히 숫자의 문제가 아니라 서울이 대한민국의 심장으로서 상징성과 경쟁력을 지키기 위해서이다.

서울 인구가 줄어드는 핵심 요인은 저출산율 문제도 있지만 무엇보다 청년층이 서울을 떠나기 때문이다. 집값과 물가가 너무 비싸다 보니 젊은 세대가 안정적으로 정착해서 살아가기가 점점 더 어려워지고 있다. 서울에서 살고 싶어도 살 수 없는 구조가 된 것이다. 서울에 일자리를 두고도 집을 구하지 못하는 젊은 층이 외곽으로, 수도권으로 계속 밀려나고 있고, 이것이 서울 인구 감소로 이어지고 있는 것이다.

이렇게 빠져나간 사람들이 지방으로 내려가 새로운 생활을 시작한 것이 아니라 여전히 경제활동의 중심은 서울에 두고 있다. 이 과정에서 이른바 지옥철이라 불리는 장시간 초만원 전철과 버스를 견디며 하루의 체력과 시간을 소모한다. 매우 괴롭고 비효율적인 생활을 하는 것이다.

청년층과 젊은 신혼부부가 다시 서울 안에서 살 수 있도록 근본적으로 서울의 주거 환경을 바꾸어야 한다. 단순히 집 몇 채 더 짓는 수준이 아니라 이들이 '서울에서 살아도 되겠다, 살아볼 만하다'라고 체감할 수 있도록 주거·일자리·생활 인프라 전반을 함께 개선해야 한다.

안정적인 임대주택, 장기 거주가 가능한 공공주택, 청년·신혼부부를 위한 맞춤형 주거 모델 등이 적극적으로 공급되어야 한다. 동시에 일자리를 통해 먹고 사는 문제를 해결할 수 있도록 양질의 일자리, 창업 기회, 육아와 일을 병행할 수 있는 돌봄 환경 등을 함께 만들어야 한다.

서울이 대한민국을 상징하는 도시로서의 명성은 앞으로도 이어가야 한다. 그러기 위해서는 인구 천만 도시의 기반을 회복하고 유지하는 것이 중요하다. 인구 천만은 숫자가 아니라 도시 서비스와 교통, 교육, 복지, 산업구조 등이 설계된 기본 단위이기도 하다. 최근 약 10년 동안 서울을 떠날 수밖에 없었던 인구를 다시 서울로 불러들이는 정책적 노력이 필요하다.

청년들을 위한 주거 정책 펼쳐야

서울의 주거 문제를 해결하는 방법은 무엇일까?

서울 안에는 아직 활용되지 못한 유휴부지, 공급부지가 적지 않게 남아 있다. 공공이 소유하고 있는 땅을 더 이상 비효율적으로 묶어 두어서는 안 된다. 예를 들어 태릉 골프장은 서울 한복판에 이렇게 큰 골프장을 그대로 유지해야 할 필요가 있는지 검토해야 한다. 시민 다수의 주거권과 삶의 질을 위해 이 부지를 어떻게 활용하는 것이 더 바람직한지 공공의 관점에서 판단해야 한다.

그 외에도 서울 도심 곳곳의 지상에 열차(전철) 차량기지가 있다. 이 기지를 지하로 이전하거나 기능을 다른 지역으로 옮길 수 있다면 지금의 넓은 지상 부지는 공공개발을 통해 주택단지로 바꿀 수 있다. 특히 내가 강남 국회의원 시절 지역구에 있던 수서 차량기지는 굉장히 넓다. 강남 한복판에 있음에도 상당 부분이 차량기지 용도로만 쓰인다. 이곳을 청년 세대와 무주택 서민에게 우선 공급하는 주거단지로 개발하면 서울의 주거문제 해결에 큰 도움이 될 수 있다.

이러한 부지들을 나는 오래전부터 하나하나 살피고 있었다. 서울 전역을 놓고 보면 눈에 띄지 않을 뿐 활용 가능한 공공부

어른들을 만나면, 모두 부모님 생각이 많이 난다.

내가 잊고 사는 것들이 떠오른다. 때론 조금 슬프지만 그렇다.

지들이 여럿 있다. 또 한 가지 눈여겨봐야 할 것은 학생 수 감소로 인해 점점 늘어가는 폐교 부지이다. 이 공간을 지역 특성에 맞게 재설계해 청년 주거, 신혼부부, 공공주택 등으로 공급하는 방안을 검토할 수 있다.

이처럼 공공기관이 보유한 땅, 각종 유휴부지들은 현재도 많이 남아 있다. 문제는 그 존재를 제대로 파악하고 있지 못하거나 활용 의지가 부족하다는 점이다. 이러한 부지들을 체계적으로 발굴하고 도시·교통·환경 계획과 함께 종합적으로 검토해 주택 공급에 적극 활용해야 한다. 서울이 다시 청년과 신혼부부에게 '살 수 있는 도시, 살고 싶은 도시'가 되도록 결단을 내릴 때이다. 이것이 서울의 지속 가능성을 높이고 동시에 대한민국 전체의 경쟁력을 지키는 길이다.

3대가 함께 사는 효행마을

한국의 전통 가족은 3대가 함께 사는 대가족제였다. 할아버지·할머니—아버지·어머니—손자·손녀가 한 집에서 살면서 서로를 사랑하고 이끌어주고 가르치고 보살피면서 살았다. 1990년대까지 농어촌에 존재했던 이 대가족은 이제 어떤 의미에서는 전설 속의 이야기가 되었다.

서울에서 3대가 함께 사는 공공주택을 만들면 어떻게 될까? 대부분 불가능하다고 말하지만 머리를 맞대고 이 정책을 추진하면 충분히 가능하다. 나는 이를 효행주택이라 부른다. 효행은 '孝行'(효를 행한다)이 될 수도 있고, '孝幸'(효를 하면 행복해진다)이 될 수도 있다. 효행주택들이 모여있는 단지는 효행마을(타운)이 된다.

서울의 인구구조는 급속한 고령화, 청년 분가의 어려움, 가족 해체 등으로 위기를 맞고 있다. 복지·주거·교육·돌봄이 하나의 타운(마을) 안에서 통합되는 새로운 주거 모델을 만들어야 한다. 그 첫걸음이 효행마을이다. 3세대가 함께 살며 서로 돌보는 가족 기반의 복지도시를 구축하고, 청년·고령 가족이 안정적으로 정착할 수 있는 주거 인프라를 만든다. 이는 서울의 주거 문제를 해결하고 교육·복지·돌봄·근린상가·공원을 묶는 통합정책으로 나아갈 수 있다.

효행주택의 형태는 다양하다. 아파트, 다세대주택, 단독주택 등 어떤 형태든 가능하다. 3세대가 살기 위해서는 아파트이든 주택이든 넓어야 한다. 그만큼 가격이 비싸겠지만 일정 금액 이상은 공공에서 부담하면 된다.

3세대가 함께 사는 효행주택은 이 시대의 우리 모두에게 큰 의미를 준다. 가족 해체를 막고, 전통적인 가족애를 되살리며 인구를 증가시키는 데도 큰 도움을 준다. 생활비를 절약할 수 있으며, 노인 세대의 치매를 예방하고, 고독사도 줄어들게 한다. 아이 돌봄과 사회성 교육을 통해 범죄가 줄어들게 하는 것에도 일조한다.

3대가 사는 마을로 건립하면 복지와 주거를 한번에 묶는 서울형 효행타운이 만들어지고, 삶이 따뜻한 서울이 된다. 대한민국 전체를 변화시키고 발전시키는 선도 마을이 될 것이다.

아기의 웃음소리가 들리는 서울―'육아는 직업이다'

서울의 저출산을 극복해야 국가 경쟁력이 커지고, 대한민국은 명실상부한 선진국이 될 수 있다. 그러나 서울은 저출산 충격이 가장 먼저, 가장 깊게 나타나고 있는 도시이다. 출산율 0.55는 도시 존립을 위협하는 신호이며, 도시의 미래 구조를 다시 설계해야 함을 의미한다. 즉 초등학교를 순차적으로 없애고 그 자리에 경로당을 지어야 하는 시간이 다가온다.

지금 전국의 지자체는 출산율을 높이기 위해 여러 방법을 시행하고 있다. 대표적인 것이 '출산축하금'이다. '첫째 아이', '둘째 아이 이상'으로 구분해 적게는 50만 원부터 많게는 350만 원까지 지급한다. 넷째 아이를 낳으면 1천만 원을 주는 도시도 있다. 이 축하금은 출산율을 조금이라도 높이는데 기여하는 것이 사실이지만 일시적이라는 단점이 있다.

이를 보완해 〈서울 아틀라스〉의 출산 증가 정책은 출산을 축하하는 것은 물론 '육아를 직업'으로 인정하는 정책이다. 직업이므로 당연히 〈기본 육아비〉를 월급으로 주어야 한다.

첫째 아이는 월 100만원, 둘째 아이를 낳으면 월 200만원, 셋째를 낳으면 월 300만원을 지급한다. 한 명의 아이에게 100만원이므로 다섯 명의 아이를 낳으면 월 500만원을 지급한다. 이는 서울시에서 지급하는 것이며, 구청에서 받는 출산축하금과 양육비 등 여러 혜택은 별도로 받는다.

〈기본 육아비〉는 어린이 나이인 12세까지 지급한다. 이 비용은 순수하게 육아비를 받는 것이므로 부모의 소득과는 별개이다. 부모들은 자신의 소득에 더해 〈기본 육아비〉를 받게 되므로 육아에 따르는 과도한 비용 부담에서 벗어나 행복한 가족생활을 할 수 있다. 이는 출산율 증가로 이어지고 서울은 젊은 도시로 회복된다. 나아가 대한민국의 성장동력이 된다.

이처럼 〈서울 아틀라스〉는 집을 더 효율적으로 늘려나가는 주거정책에서 시작해 효를 바탕으로 하는 가족사랑의 부활, 육아도 직업으로 존중받고 경력으로 인정해서 그에 따르는 인구 증가로 연결된다. 그 결과는 아기들의 웃음소리가 전국에서 울려퍼지는 대한민국의 밝고 힘찬 미래가 된다.

규제는 풀고, 재개발·재건축은 활발하게

서울 외곽에는 아직도 상당한 규모의 그린벨트가 남아 있다. 이 중에는 오랫동안 그린벨트 해제가 논의되면서 사실상 본래의 보전 기능을 제대로 하지 못하는 곳들이 적지 않다. 특히 강남·서초·양재 인근 외곽은 그런 지역이 많다. 서리풀 일대가 대표적이다.

이미 이 지역은 각종 개발 논의와 함께 재개발이 활발하게 추진되고 있다. 법적으로는 그린벨트로 묶여 있으나 실제로는 더 이상 자연보전보다는 슬럼화와 방치 문제만 남아 있는 곳들이 많다.

이러한 지역의 상황을 꼼꼼히 살펴 환경을 해치지 않는 범위 안에서 그린벨트 규제를 합리적으로 조정하고 주택을 지어 공급하는 대책을 검토해야 한다. 정부와 지자체가 이러한 후보지들을 선제적으로 발굴하고 공공을 위해 계획적으로 활용할 수 있도록 제도적 뒷받침을 강화해야 한다.

나는 환경을 매우 중요하게 생각한다. 그렇기 때문에 우리 아이들과 미래 세대가 살아갈 환경을 심각하게 훼손하면서까지 당장의 주택공급만을 위해 무분별하게 개발하자는 주장에는 결코 동의하지 않는다. 또 그렇게 할 수도 없다.

다만 이미 환경적 가치가 크게 무너졌거나 도시구조상 주거와 생활 인프라를 함께 정비해야 할 곳들이 있다. 그린벨트가 아닌 소위 '비닐벨트'라고 부르는 곳이다. 이런 곳은 개발하더라도 생태계를 보전하고 공원녹지는 넓히되 공공임대와 공공분양 비율 등을 고려해 균형있게 추진해야 한다.

환경을 해치지 않는 수준에서 이러한 부지에 대해서는 불필요한 규제를 과감히 완화하고 대신 공공성을 위한 조건을 붙여 주택 공급에 적극 나서야 한다.

강북의 낙후 지역 개발에 힘을 쏟아야

강북지역의 개발이 매우 중요하다. 나는 수시로 강북을 다니면서 주민들을 만난다. 여전히 주거 환경이 열악한 곳들이 많다. 골목길 정비가 제대로 되어있지 않고 오래된 다가구·다세대 주택이 밀집되어 있어 안전도 우려된다. 상당수가 20년 이상 재건축·재개발 관련 각종 규제로 묶여 사실상 시간만 흘러왔다.

개발은 막혀 있는데 생활 여건은 계속 악화되면서 주민들만 불편을 떠안고 살아온 것이다. 강북 지역의 규제를 과감히 풀고 계획적인 재개발과 재정비를 통해 주거의 질을 획기적으로 높여야 한다. 도로, 공원, 학교, 의료시설 등 생활 인프라를 함께 정비하고, 재개발·재건축을 활성화할 수 있도록 제도를 고쳐야 한다.

아울러 현재 재건축·재개발 절차는 용적률, 분담금, 동의율 등 각종 요건이 지나치게 복잡하고 까다롭다. 정비구역 지정부터 추진위원회 승인, 조합 설립, 사업 시행 인가, 관리처분계획 인가, 이주와 철거에 이르기까지 단계가 너무 세분화되어 있다. 각 단계마다 서류와 심의, 주민 동의 절차가 반복되다 보니 한 단계를 넘어가려면 몇 년씩 걸린다. 이 과정에서 행정기관의 판단도 제각각이고 주민들은 피로감과 불신만 쌓인다.

이러한 절차를 투명하면서도 신속하게 처리할 수 있도록 관련 법과 제도를 전면적으로 점검해야 한다. 그래야 주민들이 체감할 수 있는 속도로 사업이 진행되고 강북과 외곽지역의 낙후된 주거 환경도 조속히 개선될 수 있다.

행정이 닿아야 할 영역은 멀리 있고, 현장의 상황은 처절하다.
우리는 적극적으로 현장에서 행정의 힘으로 문제를 풀어야 한다.

서울—경기 메가리전은 100년을 준비하는 미래 해법

서울과 경기도는 이미 하나의 거대한 생활권으로 작동하고 있다. 물은 남한강·북한강에서 서울로 흐르고, 폐기물은 김포, 인천 등 경기 서부 지역이 처리하며, 경기도의 직장인들은 서울로 출퇴근하고, 산업·교육·문화 인프라는 상호 의존 구조를 이루고 있다. 그럼에도 행정구역의 분리와 정책의 단절로 인해 교통혼잡, 환경 부담, 주거 불균형, 산업 불일치 등 비효율이 누적되고 있다.

서울과 경기도는 따로따로의 도시가 아니라 하나의 초광역 메가리전Mega-Region으로 재편되어야 한다. 이를 통해 국가 경쟁력의 중심축을 강화하고 시민의 삶의 질을 획기적으로 높일 수 있다. 우리가 실천해야 할 과제는 여러 분야에 걸쳐 있다.

첫째, 서울―경기 생활권을 통합하는 것이다. 도시 간 단절을 해소하고 하나의 생활·산업·환경 단위로 운영하면 서울과 경기도는 이름만 다를 뿐 하나의 도시가 된다.

둘째, 책임과 혜택의 균형을 맞추는 것이다. 한쪽은 일방적으로 주고, 한쪽은 일방적으로 받는 것이 아니라 두 곳이 공정하게 책임을 지고 그 혜택도 나누어 갖는다. 예컨대 지금까지 외곽 지역이 감당해온 환경 부담을 공정하게 조정하는 것이다.

셋째, 출퇴근·교육·복지·관광 등의 생활 편익을 통합한다. 이를 통해 서울과 경기도 어디에서나 시민들은 동일한 삶을 누릴 수 있다.

넷째, 미래산업의 메가 클러스터를 구축한다. 서울―경기도가 힘을 합쳐 글로벌 경쟁력을 강화해 세계적인 메가리전이 되어야 한다.

서울과 경기도는 더 이상 분리된 도시와 지역이 아니라 하나의 거대한 명운命運 공동체다. 서울―경기 초광역 메가리전은 대한민국의 다음 100년을 준비하는 가장 현실적이고 가장 미래적인 해법이다.

문화산업에 서울의 미래가 있다

천만 서울을 다시 세우는 데 있어서 무엇보다 중요한 것은 시민들의 먹고사는 문제를 해결하는 것이다. 나는 서울을 대표하는 산업이 무엇일까 오랫동안 고민했다.

서울은 인구도 많고 전 세계 사람들이 한번은 와보고 싶어하는 도시이다. 막상 서울을 대표하는 산업이 무엇이냐? 물으면 선뜻 떠오르는 것이 많지 않다. IT와 금융 그리고 K팝으로 상징되는 K컬처, 그 K컬처를 기반으로 한 관광산업 정도가 그나마 이야기할 수 있는 분야이다.

지금 반도체, AI 등 최첨단 산업들은 이미 다른 지역으로 빠져나가고 있다. IT와 게임업체 등은 판교로 가고 반도체는 용인으로 이전했다. 이것이 나쁜 현상은 아니다. 지역균형 발전은 국가적 과제이기 때문이다. 이러한 굵직한 기간산업이 서울만이 아니라 다른 지역으로 분산되는 것은 오히려 바람직한 측면이 있다.

그렇다 해서 서울이 아무런 먹거리 산업 없이 소비만 하는 도시가 될 수는 없다. 서울만의 경쟁력 있는 산업이 있어야 안정적 일자리가 생긴다. 특히 청년들이 서울에 살 수 있도록 양질의 일자리가 필요하다.

그 고민 끝에 내린 답은 '문화' 산업이다. 전 세계인이 서울은 꼭 한번 가보고 싶은 도시라고 느끼도록 서울을 보다 유니크하고 개성있는 도시로 만들어야 한다.

그 중심에 K팝이 있다. K팝을 매개로 전 세계 사람들을 서울로 모이게 하고, 여기에 K드라마, K뷰티, K푸드 등 다양한 K컬처를 결합하는 것이다. 서울은 이미 강력한 콘텐츠를 가진 도시이다. 실제로 지금도 세계 각지의 사람들이 한류문화를 즐기기 위해 서울로 온다.

막상 관광객들이 서울에 와서 직접 경험해보면 기대와 현실이 상당히 다르다는 이야기를 많이 한다. 예를 들어 애니메이션 〈케이팝 데몬 헌터스〉에 나오는 남산 아래의 거대한 K팝 공연장을 떠올리며 서울에 왔는데 현실에는 그런 공간이 존재하지 않는다.

BTS를 보러, K팝의 현장을 느끼러 서울에 왔는데 BTS의 도시를 체감할 수 있는 상징적 공간이나 동선이 거의 없다는 불만을 제기한다.

K컬처가 서울의 미래산업이 되려면

관광객들이 서울에 왔을 때 도시 곳곳에서 자연스럽게 K컬처를 즐길 수 있도록 한류와 연결된 다양한 스팟을 마련해야 한다. 이는 단순히 공연장 하나를 짓는 문제가 아니라 거리, 광장, 공원, 상권, 골목과 연결된 입체적인 도시 설계의 문제이다. 예를 들어 K팝 스타의 데뷔 활동과 얽힌 공간을 하나의 투어코스로 만들고 관련 전시와 공연, 굿즈, 체험 프로그램을 결합하면 그 자체로 하나의 산업이 된다.

서울시는 각 구청과 긴밀히 협업하고 민간과도 손을 잡아 이러한 스팟들을 단계적으로 개발해야 한다. 꼭 막대한 예산을 들이지 않더라도 기존 상권과 인프라를 잘 엮으면 충분히 가능하다. 이미 존재하는 공연장, 연습실, 녹음실, 카페, 거리공연 등을 스토리텔링으로 엮어주는 것만으로도 새로운 가치가 생긴다.

음식도 마찬가지이다. 서울 전역을 K푸드의 명소로 만드는 작업이 필요하다. 맛집 몇 곳을 홍보하는 수준이 아니라 지역별로 특색있는 음식거리와 스토리를 결합해 서울에 가면 이런 방식으로 K푸드를 경험할 수 있다는 이미지를 만들어야 한다.

서울 시민의 자부심과 외국 관광객의 호기심이 동시에 살아나는 방향으로 기획하면 된다.

이처럼 관광산업과 한류를 짜임새있게 접목하면 서울은 그냥 호기심으로 한 번 오는 도시가 아니라 문화와 경험을 위해 반드시 찾아야 하는 도시가 될 수 있다. 나의 목표는 전 세계인 가운데 적어도 5천만 명이 일생에 한번은 꼭 가보고 싶다고 생각하는 그렇게 매력적인 서울을 만드는 것이다. 그것이야말로 서울의 먹고사는 문제를 문화산업으로 풀어내는 전략이다.

우리의 서울은 세계가 주목하는 기술과 문화의 도시이지만 현재의 수평적 도시 구조만으로는 새로운 시대의 경쟁력을 담아내기 어렵다. 이제 서울은 기술―문화―관광―경제를 하나의 메가플랫폼으로 묶어야 한다. 이는 서울을 향후 100년 동안 아시아 최대의 미래 도시로 재편하는 전략이다.

서울의 산업은 글로벌 경쟁력을 갖추고 있으나 도시의 물리적 구조와 서비스 체계가 서로 연결되지 않아 성장의 한계가 있다. 관광객은 매년 증가하지만 체류형 관광, 수상 관광, 야간 관광의 부재로 소비가 제한되어 있다. 도시 전체를 하나의 플랫폼으로 운영하기 어려운 구조이다. 서울의 전 영역을 하나의 초융합 시스템으로 통합하는 것이 시대적 과제이다.

제5부

〈서울 AI 신문고〉
참여와 소통은
서울 시민에게
행복을 안겨준다

혹시 누군가가 나에게 꿈이 무엇이냐?고 묻는다면
글쎄.
따뜻한 사람이 되고 싶다.

사진 강영호

서울 시민의 소통과 행복을 위한 〈서울 AI 신문고〉

누구나 한번쯤 들어보았을 '국민신문고'는 조선시대인 1401년 7월에 태종太宗이 대신들의 의견을 받아들여 등문고登聞鼓를 설치하면서 시작되었다. 8월에 신문고申聞鼓로 이름을 바꾸어 지금까지 내려오고 있다. 국가의 최고 통치권자가 국민(백성)의 의견을 듣는 이 제도는 2026년 현재 625년이나 되었다. 전 세계에서 가장 오래된 직접 청취 제도라 할 수 있다.

원억미신자(冤抑未伸者: 원통하고 억울한 일을 해결하지 못한 자)에게 소원(訴冤: 원통함을 소송함)의 길을 열어주는 것이 신문고의 목적이다. 이 제도가 실시된 것은, 국민의 입장에서는 매우 좋은 것이기도 하지만 한편으로는 그만큼 억울함과 피해를 당하는 사람이 끊이지 않고 발생한다는 뜻이기도 하다. 만약 모든 사람이 행복하고 편안하고 안전하고 정직하게 살아간다면 신문고는 필요없을 것이다.

그러나 인간이 존재하는 한 어쩔 수 없이 원통하고 억울한 일을 당하는 사람, 피해를 입는 사람, 제도의 사각지대에서 소외받는 사람은 반드시 존재한다. 그러므로 신문고는 반드시 있어야 한다. 또한 국민이 국가에 대하여 의견을 말하는 소통의 창구로도 사용된다. 결국 신문고는, 원억미신자가 사라진다 하여도 국정 운영과 국민의 행복을 위해 절대 사라지지 않는 제도가 될 것이다.

나는 국민권익위원회에서 일할 때 현대에서도 국민신문고가 매우 중요한 역할을 한다는 것을 실감했다. 1년에 천만 건 이상의 민원이 접수되고 처리되는 정부 최대의 민원 해결 디지털 플랫폼이 바로 국민신문고이다.

〈서울 AI 신문고〉는 미래의 문제까지 해결

국민신문고는 국민권익위원회가 운영한다. 온라인을 통하여 국민이 참여하는 포털로서 민원신청, 국민제안, 정책참여 등을 할 수 있다. 정부에 대한 민원·제안 등을 인터넷으로 간편하게 신청하고 처리 결과를 받을 수 있으며, 모든 행정기관(중앙·지자체·교육청·해외공관), 주요 공공기관과 연결되어 원스톱 서비스를 제공한다,

〈서울 AI 신문고〉는 서울의 행정, 경제, 사회, 문화, 안전, 교육을 통합하는 시스템이다.
이 이미지는 데이터로 소통하는 서울이라는 추상적 개념을 AI로 시각화한 이미지다.

크게

1) 민원 : 정부기관에 불편한 점이 있을 때

2) 국민제안 : 정책과 관련한 좋은 아이디어가 있을 때

3) 국민생각함 : 생활 속 공공문제에 대해 다른 사람들과 이

야기를 나누고 싶을 때

4) 예산낭비 : 생활 속에서 예산 낭비 사례를 발견했을 때

로 나누어 의견을 받는다. 대한민국 국민이라면 누구나 이용할 수 있다.

옛날의 신문고는 직접 왕에게 호소해서 백성이 '억울함을 푸는 것'이 주 목적이었다. 국민신문고는 국민들이 온라인으로 민원과 제안으로 현재의 고충을 해결하는 것이다. 여기서 한 걸음 더 나아간 국민신문고를 AI로 고도화한 〈서울 AI 신문고〉는 지금까지의 모든 기능을 통합한 것에 더하여 미래의 문제까지 해결할 수 있다.

그 방법은 시민들의 참여, 즉 소통이다. AI 신문고는 '소통으로 이루어지는 행복을 찾는 길'이다.

데이터 속에서 행복의 정책을 찾을 수 있다

국민신문고로 접수되는 의견(민원, 건의, 제안, 호소, 지적, 고충 등등)은 1년에 몇 건이나 될까? 나는 권익위 위원장을 맡으면서 그 숫자를 알게 되었다. 1년에 약 1,500만 건이다. 매우 놀라운 숫자였다. 나뿐 아니라 이 숫자를 처음으로 알게 된 사람 대부분은 나처럼 놀란다.

"그렇게나 많나요?"

왜 그렇게 많을까?

대한민국 인구 5천만 명 중에서 억울함과 피해, 고충을 받는 사람이 1,500만 명이나 되다니! 무엇이 그들을 그토록 힘들게 할까?

물론 1,500만 건이라는 숫자가 1,500만 명을 그대로 의미하지는 않는다. 1명이 수백 건의 의견을 올리는 경우도 있다. 또 1,500만 건의 의견에는 제3자가 보았을 때 지극히 사소한 것도 있고, 장난스러운 것도 있고, 광고성도 있으며, 오직 정치적 비방으로 가득 찬 것도 있다. 그러나 권익위는 사소한, 장난스러운, 광고, 정치적 비방에도 답을 해야 한다. 의견을 분석해 정부의 각 부처로 담당 공무원에게 이송해야 한다.

당연히 그러한 의견과 답은 모두 데이터로 저장된다. 그 데이터는 엄청나게 많다. 그렇다면 국민들의 민원과 공공기관의 답변을 담은 그 빅데이터들(국민들의 의견)은 훗날 어떻게 사용해야 할까? 계속 저장만 해야 할까? 일정 시점이 지나면 순차적으로 폐기해야 할까? 우리는 그 데이터 속에서 국가의 발전과 개인의 행복을 위한 답을 찾을 수 있다.

많은 참여가 문제 해결로 이어진다

권익위에서 일할 때 '이 달의 국민 불만 순위'를 만들었다. 국민신문고에 접수된 국민들의 의견과 민원을 1개월 단위로 분석해 그달에 가장 불만이 많은 사안의 순위를 매겼다. 그 사안을 정부 각 부처와 기관에 통보하여 시정 혹은 개선토록 하고 대책을 촉구했다.

그중 가장 큰 효과를 거둔 것이 '부동산 중개수수료 인하'였다. 집값이 급상승하면서 필연적으로 수수료도 오르자 국민들의 아우성이 권익위에 몰려든 것이다.

권익위는 관계기관과 이해당사자들이 모여 논의와 협의를 거친 후에 2021년 부동산 중개수수료 인하 대책을 만들었다. 국토부는 권익위의 권고를 수용하여 중개수수료를 인하했다. 이 제도개선은 '국민이 뽑은 최우수 제도개선 1위'로 뽑혔다. 이처럼 국민이 참여하면 제도를 개선할 수 있으며, 그 결과는 국민의 행복으로 이어진다.

가장 중요한 것은 시민들의 참여다. 시민들이 신문고에 민원이나 의견 제시 등 참여하면 할수록 데이터가 늘어나고 그만큼 현재 문제점을 파악하는 주요 도구가 될 수 있다. 여러 기관과 사람들이 모여 논쟁을 벌이면 협의점을 찾게 된다. 결국 온라인 소통을 통해 집단 지성으로 문제는 해결되고 그 혜택은 시민에게 돌아간다.

AI 신문고로 시민 안전을 지킨다

2021년에 K시의 C건물 철거 현장에서 갑자기 붕괴사고가 일어나 9명이 사망하고 8명이 부상당했다. 나는 즉각 현장으로 달려가 상황을 파악한 후 관계 부처에 제도개선을 요청했다. 이어 지난 1년 동안 국민신문고에 접수된 의견(데이터) 중에서 'K시 – C건물'을 검색했다. 백여 건이 넘는 의견이 있었다. 예컨대

- 철거하는 모습이 불안해 보이네요.

- 분진이 많이 발생합니다. 이를 줄여주세요.

- 지나다니면서 보면 안전관리가 미흡한 듯싶다.

등등의 의견이었다. 이는 전조前兆라 할 수 있다. 즉 어떤 사건이 발생할 것이라는 징조를 미리 보이는 것이다. K시에 사는 주민들은 C건물 옆을 지나다니면서 철거하는 모습이 불안해 보여 여러 명이 의견을 제시한 것이다.

우리는 어떤 사고가 일어나면 전문가들의 분석을 통해 '천재天災가 아니라 인재人災'라는 보도를 접한다. 그 인재는 충분히 막을 수 있는 것이었다.

나는 참담한 마음이었지만 당시로서는 1달에 100만 건 넘는 안전 관련 민원 신고를 분석하고 대응하는 시스템이 없었다. 권익위 직원들은 하루하루 쌓이는 민원을 처리하기도 벅찼다. 나의 지시에 따라 'K시 – C건물'을 검색해 분석하는 것만 해도 상당한 시일이 걸렸다. 만약 국민신문고가 AI로 진화되어 고성능의 능력을 발휘해 의견들을 분석한다면 어떻게 될까?

전국 각지에서 매일 올라오는 의견들을 실시간 자동으로 분석해 어떤 사안에 민원이 집중되고 있는지, 사고 징후는 없는지 AI 신문고는 미리 알려줄 수 있다.

- K시의 C건물에 민원이 집중되고 있으니 사전 점검하라,

- N시의 ○○다리에 여러 의견들이 계속 몰리고 있으니 관계기관에 점검을 요청하라.

- H시의 ○○학교에서 의견이 폭주하고 있으므로 대책을 세워라.

라는 방식으로 우리에게 사전에 사건·사고의 징조를 알려줄 수 있다. AI 신문고가 분석한 재난 징후를 즉각 해당 부처와 관계기관을 통해 내용을 알려주고 사전 조치를 취하도록 한다. 그렇게 되면 AI 신문고로 재난의 사전 예방이 가능하다. 이를 위해서는 국민신문고가 AI로 고도화 되어야 한다. 이는 비용과 기술력의 문제이지만 충분히 가능하다.

복지부동을 사라지게 하는 AI 신문고

여기에서 의문이 생길 것이다.

어떤 재난의 징조가 계속 나타나 AI 신문고가 그에 대한 조치를 해당 기관에 배당해도 담당공무원이 그 기관에서 점검을 나가지 않거나, 형식적 현장 점검만 한다면 무슨 효과가 있느냐?는 의구심이다.

K시의 C건물을 철거하는 과정이 위태로워 보이므로 "구청 건축과에서 점검(단속 혹은 지도)을 나가라"고 AI국민신문고가 사전 예고해도 구청 공무원이 실제 현장점검을 하지 않거나 단지 철거 회사에 전화를 걸어 "조심하세요"라고 말하는 것으로 끝나버리는 것 아닌가?

이른바 복지부동伏地不動이다. 공무원의 근무 실태를 지칭하는 대명사로 쓰이는 복지부동은 끊임없이 문제가 되어왔다. 예전과 달리 그러한 현상은 많이 줄어들었지만 아직도 남아 있는 것은 사실이다.

이러한 공무원의 복지부동을 해결할 수 있는 방법이 〈서울 AI 신문고〉에는 있다.

국민권익위에서 일하던 2022년 3월 나는 정부서울청사에서 브리핑을 열고 "정부의 가장 대표적인 국민소통 플랫폼이자 민원창구인 국민신문고를 디지털 신기술을 접목한 'AI 국민신문고'로 혁신할 것"이라고 밝혔다. 다음은 여러 언론에 실린 기사 중의 하나이다.

권익위에 따르면 2021년 국민신문고, 국민콜110, 부패·공익신고, 정부합동민원센터 등에 접수된 민원은 1,700만 건에 달한다. 전 위원장은 "국민신문고에 접수되는 민원의 15%가량이 단순 질의성 민원"이라며 "디지털 국민권익 플랫폼에서 민원을 제기하기 전에 관련 키워드를 입력하면 자동으로 답변이 이뤄지도록 해서 민원 발생 자체를 줄일 계획"이라고 강조했다. --- 민원 빅데이터 분석도 강화한다. 전 위원장은 "현재 국민신문고 중심의 민원 데이터를 분석하던 것에서 나아가 공공·민간 데이터 융·복합을 통해 사회 현안을 놓치지 않고 포착해 대응할 것"이라며 "민원분석 및 예보를 통해 국민 피해와 위험을 사전에 예측하고 관계기관에 제공해 국민 불편과 위험을 사전에 방지하겠다"고 설명했다.

—〈한국일보〉 2022년 3월 8일

AI 신문고를 블록체인 기반으로 고도화시켜 열심히 일하는 공무원에게 보상시스템을 확실히 한다. 현장 점검을 나가 사고를 사전에 예방한 공무원에게 포인트로 보상하고 이를 승진이나 포상 등에 활용할 수 있도록 한다. 칭찬은 고래도 춤추게 한다. 마찬가지로 칭찬과 격려는 복지부동 공무원도 일하게 한다.

서울의 불편을 없애면 대한민국의 불편이 없어진다

내가 만들려 하는 〈서울 AI 신문고〉는 소통을 기반으로 한다. 서울 시민과 시청―구청―관계기관을 AI 신문고로 연결시켜 상시 소통하는 것이다. 소통은 시민의 불편을 없애고, 피해를 줄이고, 고충을 해결해주고, 사고를 예방하고, 제도를 개선하고, 대책을 세우도록 해준다. 결과적으로 서울 시민의 행복을 높여준다.

하지만 AI 신문고가 모든 문제를 완벽하게 해결해주지는 못한다. 해결률을 높이기 위해서는 시민들의 관심과 참여가 필요하다. 참여 방법은 아주 쉽다. 핸드폰이나 PC 인터넷에서 〈서울 AI 신문고〉로 들어가 글을 작성하면 된다. 출근길의 교통 불편, 버스나 전철의 개선 사항, 거리 청소, 쓰레기통 설치 등등 아주 많다. 윗집에서 쿵쾅거리는 소리, 노점의 바가지 요금 등등 개인적인 불편과 불만도 이야기할 수 있다.

의견을 올릴 때마다 서울시는 글을 올려줘서 고맙다는 보상 포인트를 지급한다. 이 포인트는 서울시와 협약된 가맹점에서 사용할 수 있고 공공요금도 납부할 수 있다. 시민들은 불편과 고충을 개선할 수 있는 의견을 표명해서 좋고, 포인트를 받아 사용할 수 있으므로 더욱 좋다.

의견은 AI가 분석해 서울시의 각 기관으로 보내져 실행에 착수한다. 즉각 해결 가능한 것도 있으며, 몇 년에 걸쳐 해야 할 일도 있다. 그 일을 하면 된다. 사고 징후에 대한 사항도 미리 알 수 있으므로 사고를 예방할 수 있다.

시민들의 민원 해결을 위해 열심히 일한 공무원들에게는 시는 더 잘할 수 있도록 격려하고 지원을 아끼지 않는 선순환 구조로 만든다.

서울 시민의 고충과 불편, 불만을 해결하면 대한민국의 고충과 불편, 불만을 해결하는 것이나 마찬가지이다. 〈서울 AI 신문고〉가 정착되어 효율이 높아지면 모든 지자체가 실시하여 대한민국 국민의 삶의 질이 좋아지고 행복해질 것이다.

표준으로 행정을 빠르게,
AI 통합관제센터로 서울을 안전하게

국민권익위에서 일할 때 나는 우리나라 민원 구조의 문제점을 누구보다 깊이 알게 되었다. 퇴임 이후 국회에서 AI 기반 국민신문고, AI 권익 플랫폼 구축을 지원하는 입법을 추진하여 디지털 민원행정의 미래를 제시해왔다.

이 경험을 바탕으로 서울시와 25개 구청의 인허가 전 과정을 AI기반 원스톱 시스템으로 전면 전환하고 나아가 재난·안보 분야까지 AI 중심으로 개편하여 세계 최초의 AI 안전도시 서울을 만들어갈 수 있다.

AI 인허가 원스톱 시스템은 복잡한 인허가 서류를 AI가 자동으로 분석하여 처리해준다. 누락·오류·반려를 사전에 알아내고, 처리 기간을 30~50% 단축하는 효과를 가져온다. 인허가 기준을 AI 규정 기반으로 통일하고, 단순하고 전형적인 민원은 AI가 즉시 처리한다. 또 시민과 기업이 사업을 구상(설계)할 때 그 기간이 얼마나 걸릴지를 예측할 수 있다.

안전한 서울, 흔들리지 않는 서울

AI 기반의 '서울 안보·재난 통합관제센터'를 설치하는 것도 중요한 과제이다. 안전은 국민생활에서 첫 번째로 두어야 할 사안이다. 과거에 비해 안전에 총력을 기울이고 있지만 안전사고는 하루가 멀다하고 일어난다. 여기에 대처하는 것도 중요한 과제이다.

서울은 지금 안전·교통·방재·환경·경찰·소방 시스템이 따로 작동한다. 재해가 발생하면 각각의 지휘부에 따라 각각 움직인다. 콘트롤타워가 있다고는 하지만 일사분란하게 대응하지는 못한다. 재난 현장의 TV 중계로 이러한 모습을 보는 시민들은 의아해하고 비난을 보내기도 한다.

이를 하나의 화면, 하나의 플랫폼, 하나의 지휘체계로 통합해야 한다. AI는 기상, 지진, 침수, 교통, 사이버공격, 테러 징후를 실시간 통합 분석하고 위험등급을 자동으로 산출한다. 이어 현장 출동 지시를 자동으로 한다.

예컨대 화재가 발생했을 때 어느 곳의 어느 기관이 가장 먼저 출동해야 하는지 순서를 지시해준다. 이는 1분 이내에

서울의 안전은 AI통합관제센터로 지킬 수 있다.

관련된 모든 기관들에 하달되고 기관들은 즉시 출동한다. 혼란과 중복성을 줄이는 것이다. 시민에게는 핸드폰으로 대피 경로를 자동으로 안내한다. 데이터를 기반으로 25개 구청의 대응을 통합하여 조정한다.

이처럼 AI 신문고는 민원을 처리하는 일을 넘어 안전 도시를 만드는 일에서도 큰 역할을 한다. AI는 시민들을 지키는 수호자가 되어 안전한 서울, 흔들리지 않는 서울을 만들어간다.

세계인이 사랑하는 서울을 위한 '소통, 환경, 문화'

우리는 일상을 살아가면서 크고 작은 불편을 겪는다. 자신이 그것을 고칠 수 있으면 좋겠지만 공공에 관련된 것은 개인적으로 해결이 어렵다. 또 고충을 겪기도 하고, 구청이나 시청에서 하는 일이 마음에 들지 않고, 억울한 피해도 입는다.

A지역과 B지역의 갈등으로 문제가 해결되지 않기도 한다. 전혀 쓸모없는 일에 시민의 세금이 낭비되고 있는 모습도 목격한다. 어떤 제도를 약간만 수정하면 모두에게 편리할 텐데 그렇게 하기가 쉽지 않다. 어떻게 해야 할까?

이 모든 것들을 〈서울 AI 신문고〉가 해결해 나가는 것이다. 물론 당장 해결되지는 않는다. 그러나 천천히 확실하게 해결해 나갈 수 있다. 모두가 합심하여 행복한 삶을 이루어가는 것이

행복한 서울, 세계의 서울은 시민들의 참여로 이루어진다.

다. 이를 위해서는 시민들의 적극적 참여가 있어야 하며, 공직자들의 투철한 사명의식과 실천이 뒷받침되어야 한다. 이 참여와 실천에는 보상이 따른다.

고도의 AI를 구축해 천만 서울 시민이 이용할 수 있는 〈서울 AI 신문고〉를 만들어 시민들의 불편과 불만, 고충, 어려움, 갈등, 낭비를 대폭 줄일 수 있다. 사고를 예방하며 시민들이 원하는 새로운 정책과 대책도 마련될 수 있다. 〈서울 AI 신문고〉의 궁극적 목적은 '소통으로 만들어가는 행복한 서울'이다.

뜻과 힘을 모아
더 행복한 대한민국 만들기

친한 지인이 느닷없이 "누군가를 만나러 가자"고 했다. 그때 나는 의원직에서 물러났기에 정치인도 아니었고, 평범한 시민이었다. 지인이 말한 '누군가'는 성남 시장 이재명이었다.

풀뿌리 민주주의를 존중하는 정치 철학자

2012년에 지인과 함께 처음 만났을 때, 이재명은 2년 전인 2010년에 성남 시장에 취임해 열심히 일하고 있던 때였다. 우리는 소소한 저녁을 먹으며 이런저런 이야기를 나누었다. 주로 정치, 경제, 사회였다. 이재명 시장의 관심사는 시민들의 행복한 삶을 위한 시정市政이었다. 어떻게 하면 시민들이 행복하고 공정하고 편안하게 살아갈 수 있는지에 대해 이야기를 했다.

이재명 대통령과 나는 '국민을 위한 행정'이라는 정치철학을 갖고 있다.

이 시장의 이야기를 들으며 "나와 참 생각이 비슷하구나" 하는 느낌에 더 이야기에 집중했다.

그는 또 나에게 국회의원에 출마할 것이라면 자신의 지역구였던 성남의 분당甲에 출마하라고 권유했다. 당선되면 성남시를 위해 함께 일하자는 제안이었다. 나는 그 권유가 무척 고마웠다. 그러나 나는 강남에 출마했었고, 이재명은 성남시장에 재선된 후 2018년 7월, 35대 경기도 도지사가 되었다. 나는 그때 그가 훌륭한 정치인이 될 것을 예감했다. 역사에 길이 남을

업적을 세울 것이라 예감하고 있었다.

2016년 4월 박근혜 정부는 〈지방재정 개편안〉(중단 없는 지방재정 개혁 추진방안)을 발표했다. 이 안은 재정 형편이 양호해 정부로부터 지방교부세를 받지 않는 지자체에서 세금을 더 거둬, 형편이 덜 양호한 지자체에 나눠주자는 정책이었다. 뜻은 매우 그럴 듯하지만 지방자치의 본래 뜻을 훼손할 수 있는 위험한 정책이었다.

이재명 성남 시장은 이 정책에 즉각 반대하고 6월부터 광화문에서 단식투쟁에 들어갔다. 이 단식에는 다른 도시의 시장들도 참여했고, 11명의 시의원들이 삭발시위를 했으며, 심지어 여당의 도지사도 강하게 반대했다. 그 결과 정책은 시행되지 못했다. 헌법이 규정한 지방자치 이념을 훼손하는 반헌법적 행위를 이재명 시장이 막아낸 것이다.

그때 나는 20대 총선에서 강남乙에 당선되어 두 번째 국회활동을 하고 있었다. 단식농성을 하고 있는 이 시장을 찾아가 응원하고 개편안이 실행되지 못하도록 하는데 힘을 보탰다.

농성 중인 이재명 시장과 이야기를 나누면서 그가 지닌 지방분권의 소신과 철학을 다시 한번 확인하고 큰 인상을 받았다. 풀뿌리 민주주의를 존중하는 정치 철학이 나와 비슷하다는 것을 확인하는 자리였다.

국민을 위해 행정이 무엇을 어떻게 해야 하는가를 아는 지도자

2020년부터 내가 권익위에서 일할 때 이재명은 경기도지사로 왕성하게 활동했다. 그가 재임하던 4년 동안의 업적에 대해서는 가히 타의 추종을 불허할 만큼 많다. 그가 했던 여러 일들은 경기도를 세계적인 지자체로 발전시키는데 큰 공헌을 했으며 특히 시민들의 불편 해소, 고충 덜어주기, 갈등 해결에도 앞장서 행복을 증진시키는 데 크게 기여했다. 도지사가 도민을 위해 무엇을, 어떻게 해야 하는지를 실체적으로 보여준 모범인이라 할 수 있다.

이재명 지사는 "행정의 본질은 국민들의 민원처리"라는 정치철학을 가지고 있었다. 이 신념은 나의 철학과도 일맥상통했다.

2021년 4월 권익위는 전국 17개 광역시와 반부패협약식을 맺었다. 이 협약은 공공기관, 지자체, 시민단체, 해외 기관 등이 반부패 실천과 청렴 문화 확산을 위해 노력하겠다는 상생 협약이다. 이 협약식의 1호 지자체는 경기도였다.

이재명 지사는 시민들의 행복을 위해서 봉사하는 공직자들의 반부패를 가장 중요하게 여겼다. 그 결과 국민권익위에서 실시하는 기관의 종합청렴도 평가에서 경기도가 최우수등급을 받을 만큼 경기도 공직자들의 청렴에 역점을 두었다.

인연은 계속 이어져 22대 국회에서 함께 일하게 되었다. 그가 민주당 당대표를 맡고 있을 때 나는 최고위원으로서 지근거리에서 함께 일하며 그의 진면목을 다시금 확인했다. 그리고 '이재명이 대통령이 되면 대한민국이 획기적으로 변할 것'이라 직감했다. 그는 정치의 참뜻을 알고 있는 사람이며, 국민의 의미를 알고 있고, 국민을 위해 행정이 어떻게, 무엇을 해야 하는가를 '뼛속까지' 잘 알고 있는 사람이었다.

내가 권익위 시절에 도입을 추진한 AI 신문고에 대해 설명했을 때 그것의 기능과 취지, 방법을 이해하는 사람은 매우 드물었다. 국민신문고가 있으므로 그것으로 충분하다며 반대하는 사람, '아, 매우 좋은 제도입니다'라고 건성으로 고개를 끄덕이는 사람이 대부분이었다.

그러나 이재명 대표는 단박에 AI 신문고의 효용성과 필요성을 이해하였다. 그리고 대통령 후보가 되었을 때 이 제도를 대선 공약에 포함시켰다. 정치인들 중에서 AI 신문고를 이해한 거의 유일한 사람이었다.

내가 서울시장이 되면 오랫동안 비슷한 정치 철학을 공유해 온 이재명 대통령과 '뜻과 힘'을 합쳐 아름답고 살기 좋은 서울을 만들 수 있을 것이라는 희망이 있다.

나의 장점 중 하나는 끝까지 해낸다는 것이다. 즉 무슨 일을 하든지 '끝장을 보는 것'이다. 어떤 일에 대해 끈질기게 추진해서 반드시 결론을 본다.

어렸을 때부터 책을 많이 읽은 것도 '독서'를 통해 미지의 세계를 알기 위한 끊임없는 탐구였다. 공부도 그 관점이었고, 변호사가 된 것도 끈질긴 도전의 성과였다. 그때 마주한 혈우병 환자의 에이즈 집단 감염 사건의 진실을 밝히기 위해 10년 넘게 투쟁했으며 결국 승소로 매듭을 지은 것도 끝까지 해내는 끈질김의 승리였다.

서울시장은 대통령이 주재하는 국무회의에서 함께 일하게 된다. 나는 이재명 대통령과 오랫동안 호흡을 맞춰 왔기에 누구보다 많은 성과를 낼 수 있다.

이재명 대통령과 함께 글로벌 넘버원 대한민국 수도 서울을 만들어나갈 것이다.

우아한 칼
부드러움으로 공감하고 원칙으로 끝까지 간다

ⓒ 전현희

초판 1쇄 인쇄 2026년 2월 18일
초판 1쇄 발행 2026년 2월 24일

지은이 전현희
펴낸이 김영훈
표지 디자인 옥영현
본문 디자인 문성미

펴낸곳 안나푸르나
출판신고 2012년 5월 11일
주소 경기도 고양시 덕양구 꽃내음 3길 33 B1
전화 070-4799-5150 **팩스** 0504-849-5150
전자우편 idealism@naver.com
ISBN 979-11-86559-96-3